NOTICE

SUR

MGR FRANÇOIS-ADRIEN ROUGER

Émile Colin. — Imprimerie de Lagny.

NOTICE

SUR MONSEIGNEUR

François-Adrien ROUGER

ÉVÊQUE TITULAIRE DE CISSAME

VICAIRE APOSTOLIQUE DU KIANG-SI MÉRIDIONAL

DÉCÉDÉ A PARIS, A LA MAISON-MÈRE

LE 31 MARS 1887

PARIS

RETAUX-BRAY, LIBRAIRE-ÉDITEUR

82, RUE BONAPARTE, 82

—

Tous droits réservés.

MGR FRANÇOIS-ADRIEN ROUGER

ÉVÊQUE TITULAIRE DE CISSAME

VICAIRE APOSTOLIQUE DU KIANG-SI MÉRIDIONAL

I

1828

Naissance et baptême. — Intérieur d'une famille chrétienne. — Caractère foncièrement chrétien de la famille Rouger. — Mort et éloge funèbre de son vénérable père. — Portrait de sa pieuse mère.

La vie dont nous entreprenons le récit est une vie toute sainte. Parcourez, du commencement à la fin, cette existence de soixante ans : vous n'y rencontrez aucune défaillance, aucun écart, aucun faux pas ; c'est une vertu qui va toujours croissant ; c'est une âme qui, chaque jour, s'enrichit de nouveaux trésors de grâces ; c'est une vie toujours resplendissante des clartés surnaturelles de la foi ; et, jusque sur son lit de mort, qui fut l'autel sur lequel il offrit son dernier sacrifice, le vénéré défunt que nous pleurons avait conservé sur son visage comme un reflet de cette piété douce et aimable, qui le rendait si cher à tous ceux qui ont vécu dans son intimité.

Au sein de la famille, pendant le premier âge, c'est l'enfant pieux, docile, respectueux, cher à Dieu et à ses parents ; au petit séminaire, c'est l'élève sage, laborieux, exemplaire ; au grand séminaire, c'est le fervent lévite, préludant, sous le regard de Dieu et de ses maîtres, aux vertus du sanctuaire ; au séminaire interne, c'est le séminariste modèle, aimant passionnément sa sainte vocation et s'appliquant à en acquérir l'esprit ; professeur dans nos différents établissements d'enseignement secondaire, c'est l'homme du devoir ; sur cette terre de Chine si longtemps désirée, si ardemment aimée, c'est l'ouvrier infatigable, c'est l'apôtre intrépide, c'est l'indomptable confesseur de la foi. Son nom restera parmi nous comme l'idéal du dévouement : il sera l'honneur de la compagnie. Notre très honoré Père, M. Fiat, a fait son éloge en deux mots qui disent tout : « Mgr Rouger était un grand cœur ! »

Mgr Rouger est un enfant du peuple ; il appartient à une de ces familles laborieuses, si rares de nos jours, qui cherchent avant tout le royaume de Dieu et sa justice, et se confient, pour le reste, aux soins de la divine Providence ; n'ayant d'autre ambition que celle de vivre en travaillant : *Habentes autem alimenta et quibus tegamur his contenti sumus* (1), ayant le vivre et le vêtement, ne demandant pas davantage.

Mgr Rouger naquit le jour de la fête de saint Mat-

(1) Tim., vi, 8.

thieu, le 21 septembre 1828, au hameau des Montmartins, commune de Pourrain, diocèse de Sens,
département de l'Yonne. Pourrain est une commune
de quinze cents âmes, composée de quarante-deux
hameaux, disséminés au milieu des bois, comme des
îlots au milieu de la mer.

L'enfant fut baptisé le jour même de sa naissance,
et reçut les prénoms de François-Adrien. Le prêtre
qui fit le baptême voulut être parrain ; la marraine
fut une sœur de l'enfant.

Un trait de piété chrétienne vraiment touchant,
et qui révèle la profonde foi de l'honorable famille
Rouger, c'est que, contrairement à la coupable habitude d'un grand nombre de familles, même chrétiennes, qui diffèrent des mois entiers le baptême
de leurs enfants, au risque de les priver du bonheur
éternel, tous les membres de cette nombreuse famille, enfants, petits-enfants, arrière-petits-enfants,
ont été baptisés le jour même de leur naissance. Par
là même, on peut deviner facilement ce qu'était la
famille Rouger, au point de vue religieux.

Le père de notre vénéré confrère s'appelait Fran-
çois-Nicolas, et sa mère Marie Pion : époux selon le
cœur de Dieu, ils vivaient saintement. Chrétiens
avant tout, ils cherchaient Dieu dans la simplicité
de leur cœur; on peut leur appliquer cette maxime
du Sage : Le juste qui marche dans la simplicité de sa
foi laissera après lui des fils heureux, *Justus qui am-
bulat in simplicitate suâ, beatos post se filios derelin-
quet* (1). Leur principal souci était de laisser à leurs

____

(1) Prov., xx, 7.

enfants un riche héritage de foi et de vertus, et d'en faire de vrais chrétiens. De leur union naquirent neuf enfants, cinq garçons et quatre filles. Il nous a été donné, un jour, de voir toute la famille réunie et prosternée, dans une même prière : c'était un beau spectacle ! En entendant toutes ces voix monter à l'unisson vers le trône de Dieu, tandis que, dans les hameaux voisins, Dieu était à peine connu, les larmes nous vinrent aux yeux ; c'était comme une vision du peuple de Dieu d'autrefois, vivant isolé au milieu des nations infidèles.

Les époux Rouger, en vrais chrétiens, s'étaient dit qu'ils formeraient leurs enfants à leur image. François Rouger avait un langage sentencieux ; tout villageois qu'il était, il se distinguait par une foi éclairée et une religion bien comprise. Quand il rappelait à ses enfants leurs devoirs de chrétiens, c'était ordinairement par une maxime brève et incisive ; par une parabole de la sainte Écriture, ou l'une de ces sentences qu'on lit à chaque page dans le petit livre des *Pensées chrétiennes* : « Mes enfants, cherchons avant tout le royaume de Dieu, la Providence se chargera du reste. — Mes enfants, Dieu nous a donné le temps pour acheter l'éternité. — Mes enfants, le repos du dimanche n'a jamais appauvri personne. » Mais sa maxime favorite, celle qui revenait le plus souvent dans ses exhortations, c'était celle-ci : « Mes enfants, ne sacrifions jamais le devoir au plaisir. » Mgr Rouger en parle souvent dans ses lettres à ses frères et sœurs : « N'oublions point, dit-il, la maxime de notre père. » D'ailleurs, François

Rouger savait joindre l'exemple au précepte, ou plutôt, dans les conseils qu'il donnait à ses enfants, il ne faisait que traduire sa propre conduite. Aussi ses conseils, toujours respectés, se gravaient promptement dans leur cœur ; et telle était leur fidélité à les mettre en pratique, que la maison des Montmartins ressemblait moins à une ferme de laboureurs qu'à un couvent de Trappistes.

Le matin, après la prière, chacun se rendait au travail qui lui avait été assigné la veille au soir ; et, comme au temps de ces fidèles chrétiens dont parle Tertullien, dans son *Apologétique*, le travail commençait et finissait par le signe de la croix.

Quand arrivait l'heure des repas, avec un ordre parfait, on se mettait à table, où chacun avait sa place marquée, et après le *Benedicite*, qu'un des enfants récitait à haute voix, le repas commençait et se terminait en silence, sous le regard grave et vigilant du père de famille.

Mais l'heure la plus chrétienne de la journée était l'heure de la prière du soir, avant d'aller prendre le repos. Au signal donné, tout le monde se rendait dans la chambre du grand Christ de la maison ; et là, agenouillés sous le regard du divin Maître, on faisait la prière en commun ; un des enfants lisait la prière à haute voix, et tout le monde répondait. Souvent même, lorsqu'on n'était pas trop accablé de sommeil et de fatigue, la prière était suivie d'une petite lecture édifiante ; après quoi chacun allait se reposer avec une bonne pensée dans le cœur. Oh ! que du haut du ciel, Dieu devait abaisser des regards d'amour et de tendresse sur cette tribu sainte !

Le dimanche, la famille Rouger offrait aux habitants de Pourrain un spectacle d'une rare édification. En semaine, on les a vus âpres à la besogne, courbés, quelque temps qu'il fît, sous un dur et pénible travail ; le dimanche on les trouve tous à l'église, pas un ne manque à l'appel ; et leur assiduité aux offices est une ressource précieuse pour le vénéré pasteur qui dirige la paroisse. Les plus jeunes des garçons sont enfants de chœur et servent la messe ; les jeunes filles font l'office de quêteuses, de sacristaines ; le père et son aîné sont assis au lutrin. Braves gens ! Après le travail accablant de la semaine, ils ont mille peines à résister au sommeil sur leur banquette ; de temps en temps on voit la tête des choristes osciller dans le vide ; n'importe, ils étaient là par dévouement, Dieu en était glorifié.

La famille Rouger savait apprécier le bienfait de la sainte communion, et une douce expérience lui avait révélé ce que l'on goûte de douceur et de suavité à cette source d'eau vive qui jaillit jusqu'à la vie éternelle ; aussi, chaque dimanche, quelqu'un de la maison faisait la sainte communion, au nom de toute la famille ; et, les jours de grande fête, il y avait communion générale.

On serait étonné, si dans une famille aussi chrétienne, le nom de Marie n'eût pas été en honneur. Ah ! Marie était bien connue aux Montmartins, elle y était tendrement aimée ; et grande était la confiance en cette divine Mère. Dans l'église du bourg, près du maître-autel, se dresse un modeste sanctuaire dédié à la très sainte Vierge. Depuis le départ de leur cher Adrien, père, mère, frères et sœurs sont venus souvent s'agenouiller au pied de cet autel, qui fut témoin de bien des larmes, et entendit bien des confidences ; que de fois le nom d'Adrien y fut prononcé ! Pendant le mois de Marie, la famille Rouger, ne pouvant pas se rendre aux exercices de la paroisse, à cause de l'éloignement de l'église, se dédommageait de cette privation en faisant le mois de Marie à la ferme ; chaque soir de ce beau mois, tous ses membres se réunissaient autour d'une petite madone ; on récitait quelques prières empreintes d'une tendre confiance en cette divine Mère, on faisait une pieuse lecture sur les vertus, les grandeurs ou les bienfaits de Marie, et la petite cérémonie se terminait par un cantique que toutes les voix chantaient avec un même amour : tous les échos des forêts voisines répétaient à l'envie les louanges et le doux nom de Marie ! Tel était, au point de vue religieux, la famille du saint missionnaire dont nous raconterons bientôt les vertus héroïques. Disons toutefois que Mgr Rouger n'a pas été étranger à cet esprit chrétien qui distingue tous ses parents. Dès son berceau il avait connu les vérités de la foi, et il en fut à son tour l'apôtre. C'est grâce à ses conseils et à ses exhortations, que ses frères et sœurs, neveux et petits-neveux, sont tous restés fervents chrétiens.

Tous les frères de Mgr Rouger sont aujourd'hui pères de famille, et chacun d'eux, dans la maison dont il est le chef, continue ces pieuses traditions,

qu'ils regardent comme le plus précieux héritage
légué par leur vénéré père. Depuis leur établissement, ils sont dispersés en différents hameaux de la
commune de Pourrain ; mais il y a un jour de la semaine où ils se retrouvent tous réunis sous le
même toit, c'est le dimanche, à l'église. Car, fidèles
à la promesse qu'ils en ont faite à leur père, en une
circonstance solennelle, le saint jour du dimanche
est et sera un jour toujours respecté au sein de la
nombreuse descendance du patriarche des Montmartins. A les voir, le dimanche, traverser d'un
pas ferme et décidé, les populations indifférentes,
souvent même irréligieuses, pour se rendre à la
messe de paroisse, il est facile de reconnaître que
chacun de ces solides Bourguignons est doublé
d'un chrétien sans peur et sans reproche ; leur
allure, d'une aisance superbe, semble jeter au respect humain ce fier défi, que l'auteur d'Athalie met
dans la bouche du vieux Joad : « Je crains Dieu...
et n'ai point d'autre crainte. »

Des quatre sœurs de Mgr Rouger, l'ainée, Marie,
surnommée la Sainte des Montmartins, à cause de
sa piété exemplaire, est morte dans un âge peu
avancé, laissant une nombreuse postérité héritière
de sa foi et de ses vertus. La deuxième, Madeleine,
est demeurée auprès de ses vieux parents pour être
l'ange consolateur de leur vieillesse. La troisième,
Judith, vit heureuse et honorée au milieu de ses
enfants et petits-enfants. Enfin, la quatrième, Cé-
sarine, a marché sur les traces de son frère Adrien,
et, l'année même où il partait pour la Chine, elle

entrait dans la communauté des filles de la Charité.

Le père devait suivre d'assez près sa fille Marie dans la tombe. Il avait célébré sa cinquantaine de mariage au milieu de ses enfants et petits-enfants ; il allait atteindre la soixantaine, lorsque un grave accident survenu pendant le travail, et diverses infirmités par lesquels il plut à Dieu de purifier son fidèle serviteur, le clouèrent sur un lit de douleur ; et, après quatre mois de souffrances,. pendant lesquelles on ne savait lequel le plus admirer, du dévouement sans bornes de ses enfants, ou de la solide vertu de ce chrétien primitif, il s'endormit, plein de jours et de mérites dans le Seigneur ; et aujourd'hui il repose dans le cimetière de Pourrain, entre sa chère fille Marie et son cher apôtre de la Chine, dans l'attente de la bienheureuse résurrection.

En apprenant la mort du père Rouger, la *Semaine religieuse* de Sens publia un article nécrologique, où nous retrouvons peints au vif les principaux traits de cette figure d'un autre âge. Elle fait observer en particulier que le saint jour du dimanche était extrêmement respecté à la ferme : jamais on ne s'y permit le moindre travail, même dans les saisons où les travaux sont les plus pressants. « Soyez sans inquiétude, mes enfants, disait le bon père Rouger, celui qui envoie du beau temps aujourd'hui en enverra encore demain ; si sa pluie vient à mouiller nos récoltes, son soleil saura bien les sécher ; l'essentiel est d'obéir à sa loi, qui défend de travailler le dimanche. »

Cette conduite si religieuse n'était pas sans exciter quelques petites hostilités. Un dimanche, alors que M. Rouger et ses enfants se rendaient aux vêpres, ils furent apostrophés par un grossier personnage, qui trouvait bon, en ce saint jour, de cultiver sa vigne. « Vous voilà donc encore en route, tas de fainéants? est-ce que vous ne feriez pas mieux de travailler à votre ferme? — Dis-moi, répond avec calme le père Rouger, pourrais-tu me dire lequel est le plus fainéant, de celui qui fait son ouvrage en six jours, ou de celui qui a bien de la peine à le faire en sept? « Le malotru baissa la tête et resta muet. « Comment faites-vous donc? disait au père Rouger un de ses voisins; vous ne travaillez que six jours par semaine, et toujours vos travaux sont terminés les premiers? — Par une bonne raison, répondait le père Rouger; pendant que je me repose le dimanche, le bon Dieu travaille pour moi; il répare mes forces et celles de mes enfants, et nous pouvons recommencer la semaine avec un nouveau courage. »

Le jour de la cinquantaine de son mariage, huit de ses enfants et ses petits-enfants au nombre de trente au moins se trouvaient réunis à la même table. « Mes enfants, s'écrie le bon père Rouger, en se levant, vers la fin du repas, Dieu nous a tous bénis, et j'espère qu'il nous bénira encore ; mais c'est à une condition, que je tiens à vous faire connaître avant de mourir, c'est que, comme votre père, vous ne travaillerez jamais le saint jour du dimanche; je suis tellement convaincu de cette vérité, que, si pendant les jours qui me restent à vivre, j'apprenais que l'un ou l'autre de vous l'avait profané par un travail défendu, j'aimerais mieux apprendre qu'il est tombé mort sur le chemin. » A ces mots, tous ses enfants et petits-enfants vinrent se jeter entre ses bras, et lui jurer solennellement qu'ils seraient toujours fidèles à ses conseils, à la vie et à la mort. Oh! heureux les enfants à qui Dieu donne de tels parents !

Sa sainte épouse lui a survécu. Presque nonagénaire, elle vit environnée de respect et d'affection avec deux de ses enfants, dans la maisonnette qui était échue en partage à son fils Adrien. D'une constitution frêle et délicate, petite, droite, d'une propreté exquise, l'air souriant et aimable, elle porte assez bien ses quatre-vingt-dix ans. Jamais mère ne fut plus tendrement aimée de ses enfants. Un jour, en lui souhaitant sa fête du fond de la Chine, son fils lui écrivait : « Bonne petite mère, lorsque, dans mes courses apostoliques, je rencontre une femme, petite, droite, proprette, l'air souriant, les larmes me viennent aux yeux : je crois voir ma chère petite maman des Montmartins. »

Jusqu'à ces derniers temps, elle faisait encore à pied le chemin de l'église qui est de quatre kilomètres, pour aller à la messe ; mais aujourd'hui, à son grand regret, ses vieilles jambes ne veulent plus se prêter à ce pieux pèlerinage. Le divin Maître, qu'elle était si heureuse d'aller visiter, l'a dispensée de ce pénible voyage ; c'est lui, maintenant, qui vient presque chaque dimanche visiter son humble et fidèle servante. Elle se console de ne

plus pouvoir aller à l'église, en récitant son chapelet, qu'elle a continuellement entre les mains.
Oh ! que d'*Ave Maria* sont sortis de son cœur, mon-
tant vers Marie Immaculée, pour son cher Adrien !
Pauvre mère ! elle se sentait rajeunir à la pensée
de revoir, après trente-deux ans d'absence, son fils
si tendrement aimé ! elle l'avait vu partir, enfant
encore, et il retournait prince de l'Eglise, orné de
l'auréole du martyre. Mais hélas ! ce n'étaient point
des larmes de joie qu'elle devait répandre sur son
cher Adrien, c'étaient des larmes de douleur : son
bon Adrien lui revenait couché dans un froid cercueil.

Nous nous sommes étendu, un peu longuement
peut-être, sur la famille de notre pieux confrère :
on nous le pardonnera. C'est Dieu qui fait les
saints ; ils sont l'œuvre de sa grâce. Lorsque nous
lisons leur vie, nous aimons à étudier l'action providentielle de Dieu sur l'âme qu'il veut conduire à
la sainteté ; nous voulons assister, par la pensée, à
ce travail de transformation intérieure, qui d'un
petit paysan formera un apôtre, un confesseur de
la foi, un saint ; nous désirons savoir de quelles
grâces Dieu a environné l'homme qu'il s'est choisi,
pour le changer en vase d'élection. Or, la famille
de notre saint confrère n'a pas été étrangère aux
vertus éminentes, dont il nous a laissé l'exemple :
elle a été une des grandes grâces de sa vie. En la
sanctifiant, Dieu préparait à la petite Compagnie un
modèle ; à la Chine, un apôtre ; et à l'Eglise un
confesseur de la foi.

II

1828-1842

La mère d'Adrien le consacre à Dieu dès sa naissance. — Éducation première. — Son caractère. — Ses défauts. — Premier
appel de Dieu. — Il est confié aux soins de M. Boyer, curé
de Pourrain. — Première communion. — Obéissance. —
Application à l'étude.

Adrien était le quatrième des neuf enfants de
François Rouger. Comme si sa pieuse mère avait
eu un pressentiment des desseins de Dieu sur son
jeune fils, elle le consacra à Dieu dès sa naissance.
Dès lors, on comprend de quelle tendre sollicitude
elle dut entourer celui que, dans le secret de son
cœur, elle vouait au service des autels. Adrien
Rouger, on peut le dire, suça la piété avec le lait.
Grâce à sa pieuse mère, les premiers noms qu'il
essaya de prononcer furent les noms de Jésus et de
Marie ; sa première parole fut une prière, et sa première action le signe de la Croix. Puis, un peu plus
tard, lorsque l'enfant commença à parler avec
aisance et facilité, elle lui apprenait à chanter de
petits cantiques en l'honneur de Marie.

Sous le regard de cette mère, dont le cœur était
tout rempli du plus pur esprit chrétien, l'âme de

l'enfant s'ouvrait, doucement et par degrés, comme une fleur aux rayons du soleil levant, et s'éclairait insensiblement des premières lueurs de la foi chrétienne. Adrien répondait admirablement à la sollicitude pleine de tendresse dont il était l'objet. A mesure qu'il se développait, on voyait se dessiner dans ce jeune enfant un caractère bon et aimable, qu'une piété douce et gaie rendait plus aimable encore. C'était comme un mélange d'affabilité et de charmante naïveté qui faisait la joie de toute la famille.

Dès ses plus jeunes années, il se montrait plein d'attentions obligeantes et aimables pour ses parents, ses frères et ses sœurs. A la maison, il saisissait avec empressement toutes les occasions qui se présentaient de rendre de petits services à sa bonne mère ; aux champs, il voulait faire sa petite part de travail pour soulager ses frères. Si, pour aller à leurs champs, ses frères et sœurs étaient obligés de suivre des sentiers couverts de broussailles, il voulait passer le premier pour leur frayer le chemin. Se rencontrait-il, sur leur passage, un fossé ou un ruisseau, il voulait le franchir le premier, afin de s'assurer qu'il n'y avait pas de danger pour ses aînés. Ne voit-on pas déjà, dans ce tout petit enfant, comme la première esquisse, comme une ébauche de ce missionnaire à la foi ardente, de ce vaillant apôtre qui devait un jour, aux dépens de sa vie, montrer à tant d'âmes le chemin du ciel !

La bonté semblait être née avec lui, et tel il parut dans son enfance, tel vous le retrouverez à tous les âges de sa vie ; il n'a jamais varié. Cette disposition le rendait si docile et si affectueux pour ses parents, qu'à la seule pensée de leur avoir fait de la peine, il eût été inconsolable. On peut juger par là quelle force de volonté il dut déployer, lorsque, jeune homme de vingt ans, il plongeait toute sa famille dans la désolation et les larmes pour répondre à l'appel de Dieu.

Cependant, tout n'était pas parfait dans le jeune enfant des Montmartins. Le petit Adrien avait des défauts, il ne nous coûte nullement de le reconnaître et de les signaler : ils ne feront que donner plus d'éclat à ses vertus. Ils nous révèlent la puissance de la grâce ; peut-être aussi nous sera-t-il permis de voir, dans ces premières éclosions d'une nature turbulente, comme les premiers germes des qualités maîtresses qu'il sut déployer pendant son apostolat si mouvementé, où il se vit si souvent aux prises avec toutes les forces de Satan. Oui, les défauts d'Adrien Rouger nous montrent jusqu'à l'évidence que Dieu avait voulu, de bonne heure, armer pour le combat le vaillant athlète, qu'il allait bientôt lancer contre les légions infernales.

Adrien Rouger montra de bonne heure une certaine ténacité de volonté, une opiniâtreté marquée ; il supportait difficilement la contradiction. Quand il rencontrait une résistance à ses volontés, il cédait sans doute, parce qu'il ne voulait pas faire de la peine à ses parents, mais c'était à force de violence sur lui même. « Lorsque je le contrariais, affirme sa pieuse mère, il se soumettait ; mais, pendant tout le reste du jour, il était en proie à une mélancolie noire, que l'on rencontre rarement dans les enfants de cet âge. »

A ce premier défaut, vient s'en joindre un autre, qui était un effet de son tempérament vif et ardent : gai et aimable avec ses parents, il était d'un caractère dominateur avec ses petits camarades, ou, comme le dit la chronique du village, il était bousculant. Quand il jouait avec eux, il fallait qu'il dominât ; et si les choses ne prenaient pas la tournure qu'il voulait, en moins de temps qu'il n'en faut pour le dire, jeux et camarades, tout roulait pêle-mêle sur la place ; souvent l'instituteur était obligé de le mettre en retenue pendant les récréations, afin que les autres enfants pussent s'amuser tranquillement.

Tel était Adrien Rouger pendant son enfance ; plus tard, cette énergie de caractère, cette volonté indomptable, saura braver tous les obstacles, tous les dangers, lorsqu'il s'agira de l'intérêt de la religion. Cet écolier turbulent deviendra le courageux missionnaire, l'intrépide apôtre, le hardi conquérant des âmes ; il faudra que toutes les barrières cèdent devant son zèle, et que l'enfer lui-même plie devant sa volonté de donner des âmes à Dieu.

Et, en effet, dans ce travail de transformation par lequel la grâce fait de l'homme un saint et un apôtre, la grâce ne détruit point la nature ; elle ne fait que la modifier. Elle s'empare de ses facultés, de son intelligence, de sa volonté, de son cœur ; elle les perfectionne et les transfigure ; mais tout en sanctifiant l'homme, elle lui laisse son caractère propre, ce cachet d'originalité qui ne convient qu'à lui ; elle le fait meilleur, mais l'homme reste lui-même.

Autre défaut : Adrien Rouger était taquin, par occasion. Parmi les espiègleries dont sa vie est assez richement émaillée, on en cite une que ses frères et sœurs n'ont eu garde d'oublier, et dont notre héros était coutumier. Lorsqu'on l'envoyait en commission, s'il rencontrait sur son chemin un groupe d'enfants en train de jouer, il traversait le jeu sans même dire gare, dispersait d'un coup de pied les balles, ou renversait les quilles, faisait deux ou trois pirouettes sur ses talons, et continuait son chemin sans plus de façons. — Il y avait loin, comme on le voit, du petit espiègle des Montmartins au saint missionnaire que nous connaissons ; mais rien n'est impossible à la grâce lorsqu'elle rencontre un cœur docile ; et le temps n'est pas éloigné, où elle fera entendre au jeune Adrien un de ces appels divins, qui fixent les destinées d'un homme pour le temps et pour l'éternité.

Sa famille fut pour lui un bienfait dont il savait apprécier la valeur ; Dieu lui en préparait un autre, dont il se montra toute sa vie reconnaissant. L'enfant allait atteindre sa onzième année. Il avait appris à aimer notre sainte religion, par les enseignements reçus sur les genoux de sa mère : les exemples, les conseils, les exhortations et chacune des paroles de la pieuse mère étaient tombés dans cette âme neuve comme une riche semence dans

une terre vierge ; précieux germes qui n'attendaient
plus, pour éclore, qu'un rayon du ciel. La grâce
arriva à son heure. Un prêtre, selon le cœur de
Dieu, M. Boyer, aujourd'hui supérieur des missionnaires de Pontigny, au diocèse de Sens, venait
d'être placé à la tête de la paroisse de Pourrain.
Dieu, qui n'abandonne jamais rien au hasard,
envoya au jeune Adrien un de ses élus pour le conduire, et continuer l'œuvre si heureusement com-
mencée sur les genoux maternels.

Si le diocèse de Sens est riche des biens d'ici-
bas, par contre il est peut-être un des plus pauvres
de France, au point de vue de la foi. La bonté de la
terre fait oublier à ces populations indifférentes la
beauté du ciel ; et cet affaiblissement de la foi dans
les âmes a pour conséquence la pénurie des vocations à l'état ecclésiastique. On ne saurait se faire
une idée des difficultés que rencontre le recrutement
du clergé dans ce pays. D'abord, un curé doit chercher bien longtemps, avant de rencontrer, parmi
les enfants du catéchisme, un sujet destiné à embrasser l'état ecclésiastique ; et lorsque, de temps à
autre, la Providence lui met sous la main un sujet
capable, digne, et offrant des garanties sérieuses
de vocation, il peut bien dire que c'est l'ère des difficultés qui commence pour lui ; et celles qu'il ren-
contrera du côté de la famille ne seront pas les
moindres. Mais rien ne décourage ces bons prêtres
Bourguignons au cœur généreux ; ils savent se montrer à la hauteur de tous les dévouements et de tous
les sacrifices, pourvu qu'à ce prix ils aient le bon-

heur de donner un prêtre à Dieu et à l'Eglise. Le bon curé de Pourrain allait voir se réaliser ce vœu si cher à son âme ; mais, cette fois, il n'aura pas à lutter contre la mauvaise volonté des parents, c'est la famille elle-même qui va faire le premier pas.

Les époux Rouger avaient été bénis dans leur union ; et, pour reconnaître ce bienfait du Ciel, ils conçurent, d'un commun accord, le pieux dessein de consacrer à Dieu un de leurs enfants. C'est sur Adrien que se fixa leur choix. Un jour, François Rouger appelle auprès de lui son jeune fils et lui dit : « Adrien, j'ai à te parler d'une affaire sérieuse ; mon intention est de te placer au presbytère pour étudier, sous la direction de M. le curé ; y consens-tu ? » A ces mots, la figure de l'enfant s'éclaira d'un rayon de joie : il accepta avec un vif contentement la proposition qui lui était faite : c'était la voix de Dieu qu'il venait d'entendre.

Ce premier appel d'en haut jeta une vive lumière dans l'âme de l'enfant et éveilla en lui tout un monde d'idées, qui ne s'étaient jamais présentées à son esprit. Il n'avait rêvé jusque-là d'autre perspective que celle de devenir un bon chrétien, comme les autres membres de la famille, et le voilà tout d'un coup transporté au seuil d'un monde nouveau dont la beauté l'éblouit. Cette nouvelle perspective fit sur sa jeune imagination une impression profonde ; la pensée d'aller étudier chez M. le curé, pour devenir prêtre, occupait son esprit nuit et jour et absorbait toutes ses facultés. Souvent il allait trouver sa mère et lui disait avec une naïveté char-

mante, dont s'amusaient beaucoup ses frères et ses
sœurs : « Quand donc, maman, quand donc ? »

Enfin le moment arriva. Adrien quitte la ferme
des Montmartins et se rend au presbytère conduit
par son père. Nous n'étonnerons personne en disant
que cette détermination ne fut pas du goût de tout
le monde au village. A la campagne, ce n'est jamais
sans un secret dépit que le paysan voit son voisin
sortir de la médiocrité et s'élever au-dessus du
commun. Le jeune Adrien dut passer par les langues
des commères. L'une d'elles disait : « Il paraît que
ce père Rouger fait étudier son Adrien pour être
prêtre ; ah bien ! quand celui-ci sera prêtre, moi je
serai évêque ! » Le mot ne tomba pas à terre. Un
dimanche du mois de mai 1851, M. le curé de Pourrain avait publié les bans de M. Rouger pour le
sous-diaconat. Alors, au retour de la messe, une
voisine passa chez la commère qui avait parlé trop
vite et lui dit : « Eh bien ! la mère, Adrien va être
prêtre, vous pouvez aller acheter votre chapeau
d'évêque. » Comme on le voit, les pensées de Dieu
ne sont pas les pensées des hommes.

Adrien Rouger arrive donc au presbytère. A la
vue de ce petit paysan, à la physionomie vive et
éveillée, empreinte en même temps de cette candeur naïve qui est comme le reflet de l'innocence,
le bon curé devina, du premier coup d'œil la droiture de son cœur, et l'aima. La rencontre de ce
prêtre vénéré fut, pour le jeune aspirant au sacerdoce, un bienfait dont il se ressentira toute sa vie ;
l'homme de Dieu le marqua d'un cachet ineffaçable

de piété et de vertu. L'intimité s'établit vite entre deux cœurs si bien faits pour se comprendre, et avec l'intimité une confiance réciproque.

Le maître était devenu un père pour son élève; et l'élève, un fils pour le maître. Le regard du bon curé se reposait avec une joie mêlée de fierté sur son jeune élève; plus il pénétrait dans le fond de cette nature d'élite, plus il admirait les riches qualités dont le ciel s'était plu à l'orner. Il comprit bientôt qu'il y avait dans son Adrien les éléments d'une vertu supérieure. Tenant tous les matériaux sous la main, il ne lui restait plus qu'à les soumettre au ciseau de l'Ouvrier divin, qui est l'auteur de toute sainteté.

Il commença par le bien préparer à la première communion, persuadé que cette solennelle manifestation de la vie divine dans l'âme de l'enfant exercerait une influence décisive sur sa vie tout entière. M. Boyer avait la confiance que Notre-Seigneur, en descendant dans le cœur de son jeune élève, mettrait le sceau à une vocation qui semblait venir du Ciel. Adrien fit sa première communion le 28 mars 1841, à l'âge de douze ans. Il ne nous est pas donné de lire dans les cœurs, et nous ne saurions dire ce qui se passa dans celui du jeune communiant, le jour où il reçut la première visite de son Dieu ; mais les larmes qu'il répandait plus tard, en assistant à la première communion des enfants qu'il avait préparés, nous disent assez ce qu'il fut lui-même, en pareil jour, et la joie qu'il goûta, lorsqu'il sentit pour la première fois le cœur de Jésus sur son cœur. A n'en pas douter, la première communion d'Adrien Rouger fut pour lui et pour beaucoup d'autres une source abondante de grâces ; en ce jour le salut d'un grand nombre se décida dans le cœur de cet enfant prédestiné !

Cependant la grâce continuait son œuvre de transformation dans cette âme docile et ouverte à toutes les généreuses inspirations. La parole intérieure de Dieu faisait son chemin sans bruit, sans secousse, sans éclat. La première communion d'Adrien commençait à porter ses fruits : sa physionomie prenait une teinte plus sérieuse, plus réfléchie ; parfois on le surprenait pensif, préoccupé, rêveur : l'enfant, selon la pensée de saint Paul, disparaissait peu à peu pour faire place à l'homme. C'était toujours l'écolier gai et aimable, pourtant encore sujet à de légères étourderies : mais un grand changement s'était opéré en lui ; on voyait que Jésus-Christ avait visité ce cœur d'adolescent, et y avait laissé son empreinte. L'Esprit-Saint n'allait pas tarder à jeter les premiers plans du nouvel édifice qui avait déjà Dieu pour base.

Le premier triomphe de la grâce, dans l'âme d'Adrien Rouger, fut l'obéissance ; et on l'a remarqué, c'est toujours par là que Dieu prend possession de l'homme qu'il veut conduire à l'accomplissement de ses desseins providentiels. A peine arrivé et installé au presbytère, le jeune Adrien abdique sa volonté.

Pendant son séjour au sein de sa famille, il avait besoin de toute la tendresse de son cœur, de toute

son affection pour ses pieux parents, pour empêcher
cette nature volontaire de se cabrer en présence de
la contradition ; mais, une fois entre les mains du
pieux curé de Pourrain, le petit volontaire devient
l'enfant de l'obéissance, il s'abandonne totalement
et de confiance au guide que Dieu vient de lui
donner pour le conduire. En présence du commandement, l'obéissance est dans son cœur, et le sourire
sur ses lèvres,

M. Rouger montra de bonne heure une piété
tendre et expansive. Il se plaisait à l'église. Le côté
extérieur de la religion l'impressionnait vivement ;
une belle cérémonie, une statue richement parée,
un autel bien illuminé, provoquaient chez lui des
élans d'amour qui se traduisaient par des prières
d'une ferveur extraordinaire. Qui l'eût vu agenouillé
devant l'autel de Marie l'eût pris pour un ange plutôt
que pour un homme. Mais, chose bien rare dans un
enfant de cet âge, et qui prouve que Dieu avait réel-
lement pris possession de cette âme, le jeune
Rouger montrait une application des plus conscien-
cieuses à l'étude. Il n'avait pas besoin d'autre sur-
veillant que sa conscience. Seul dans sa chambre de
travail, il ne quittait ses livres que par nécessité,
ou par obéissance. Le curé de Pourrain pouvait
s'absenter pour aller rendre visite à un confrère ; il
était sûr d'avance que son élève n'abandonnerait
pas son rudiment pour aller faire l'école buisson-
nière. Cette application à l'étude avait sa source
dans l'esprit de foi de notre futur séminariste. Bien
différent de ces écoliers superficiels, *ad oculum ser-*

vientes, qui étudient sans jamais élever leur pensée au-dessus de leur rudiment, pour eux un instrument de supplice, et qui guettent le moment où le bon curé aura le dos tourné pour aller grimper aux arbres du verger, Adrien étudiait sous l'empire d'une idée qui s'imposait puissamment à sa jeune intelligence.

Il comprenait déjà que, pour être prêtre, il faut y être appelé de Dieu, et il aurait cru trahir sa vocation, s'il ne se fût pas efforcé de s'en rendre digne par une application sérieuse à l'étude.

Sa grande préoccupation, c'était la crainte de n'être pas appelé de Dieu.

A la moindre maladresse qui lui arrivait, cette crainte s'emparait de son cœur et y jetait un trouble inexprimable ; il se croyait rejeté de Dieu.

A ce sujet, le digne prêtre qui a dirigé les premières années de M. Rouger raconte un trait de candeur naïve qui, bien des fois, a défrayé la conversation, sous le manteau de la cheminée, aux Montmartins. Un jour, rapporte le révérend père Boyer, je fus obligé de sortir et de prendre tout l'après-midi pour aller remplir mon ministère, au hameau de Nantouis, distant de plus d'une lieue du bourg de Pourrain. Je dis, avant de partir, à mon bon Adrien, d'arracher les mauvaises herbes du parterre qui est à l'entrée du presbytère, pour occuper son temps sans ennui. « Oui, » répondit-il avec son obéissance habituelle et son petit sourire gracieux. Au retour, je trouve le travail complètement fait et le parterre parfaitement nettoyé : fleurs et herbes, tout y avait passé ; tout avait été arraché et jeté sur le fumier ; le parterre était aussi net que le parquet de ma chambre. Dans un premier mouvement, je donne un soufflet à mon cher élève ; et, pendant que le pauvre Adrien s'en va, triste et dolent, confier son gros cœur à son rudiment, je me remets philosophiquement à replanter mes fleurs. Deux jours après, il écrivait à sa mère, en secret, une lettre que ma sœur surprit et me remit sur-le-champ. Je me rappelle encore ces mots : « Ma chère petite maman, je t'en prie, viens me chercher, car je vois bien que je n'ai point de vocation. » Combien de fois, depuis, dans les réunions si délicieuses où il se trouvait avec toute la famille et son cher maître, je lui ai dit : « C'est vrai, mon cher Adrien, tu n'avais pas de vocation pour cultiver les fleurs et recevoir des soufflets ; mais, pour être prêtre et missionnaire, c'est autre chose. » — « Je pourrais, continue le révérend père Boyer, citer mille traits aussi charmants qu'édifiants, sur mon cher et bien-aimé élève, si j'en avais le temps ; mais trois mots résument son séjour dans ma maison, pendant ses premières études : caractère toujours aimable, piété douce et tendre dirigeant le travail ; obéissance aveugle. » Ce début était de bon augure pour l'avenir, et, après deux ans d'études, le curé de Pourrain annonçait à M. Millon, supérieur du petit séminaire d'Auxerre, un sujet d'espérance.

III

1842-1847

M. ROUGER AU PETIT-SÉMINAIRE

Les Lazaristes au diocèse d'Auxerre. — Première impression
que produit l'arrivée d'Adrien Rouger au petit séminaire. —
Direction qui lui est donnée. — Heureuses dispositions. —
Témoignages d'estime qu'il reçoit de ses maîtres et de ses
condisciples. — Conduite édifiante et exemplaire. — Vacances.
— Succès dans ses études. — Appréciation d'un ancien condisciple.

Au mois d'octobre 1842, Adrien Rouger arrivait
au petit séminaire d'Auxerre, pour y continuer ses
études. Il était dans sa quatorzième année, et quoiqu'il n'eût que deux ans de latin, on le fit entrer
dans la classe de cinquième, où il devint bientôt un
des plus forts de son cours.

La ville d'Auxerre, disons-le en passant, n'est pas
étrangère à l'histoire de la Congrégation ; elle a sa
place dans les annales de notre Compagnie. Auxerre,
chef-lieu du département de l'Yonne, est une jolie
petite ville de vingt mille âmes environ, située
sur la rive gauche de l'Yonne et entourée comme
d'une immense ceinture de riches coteaux couverts de vignobles. Érigé au troisième siècle
par le pape Sixte II, l'évêché d'Auxerre fut sup-

primé en 1801, et réuni, en 1821, à l'archevêché
de Sens. Lorsque éclata la grande Révolution qui
devait amonceler tant de ruines sur le territoire
français, le grand séminaire d'Auxerre était dirigé
par les prêtres de la Mission. André Colbert, evêque
de ce diocèse et parent du grand ministre, leur en
avait confié la direction en 1680. M. Jean Bonnet,
sixième supérieur général, fut supérieur de cet établissement pendant quatre ans, de 1693 à 1697,
époque où il fut appelé à remplacer, au grand séminaire de Chartres, M. Pierron, qu'une de nos assem-
blées venait d'élire supérieur général. Le départ de
M. Bonnet du séminaire d'Auxerre fut presque un
deuil public dans la contrée.

En 1754, l'évêque janséniste Charles de Caylus
successeur de Colbert, retire la direction de son
grand séminaire aux Lazaristes, qu'il ne trouvait
pas assez complaisants pour les nouvelles doctrines.
En 1763, Mgr de Cicé, dernier évêque d'Auxerre, rappelle les Lazaristes dans son grand séminaire, qui
était devenu une pépinière de Jansénistes. Nous le
dirigions avec fruit et bénédictions, lorsque la Révolution de 1789 vint de nouveau nous en chasser.

Auxerre n'a plus ni grand ni petit séminaire. Par
suite d'un récént décret de spoliation, le petit séminaire diocésain a dû être transféré d'Auxerre à Joigny, autre petite ville de l'Yonne, qui a également
sa place dans les annales de la Mission, et dont le
nom se rattache au berceau même de notre Compagnie. Aujourd'hui, trois neveux de Mgr Rouger font
leurs études, avec succès, au petit séminaire de

Joigny, comme aspirants au sacerdoce. Mais revenons à Adrien Rouger.

Nous devons dire que la première impression ne fut pas favorable au nouveau venu. A la vue de ce petit paysan, avec sa petite blouse de coutil, que resserrait autour du corps une ceinture de cuir, personne, assurément, n'eut l'idée de soupçonner en lui un futur prince de l'Eglise. En effet, au physique, Adrien Rouger n'avait rien qui prévînt en sa faveur ; son extérieur tenait plutôt du commun et du vulgaire. Petit et trapu, le cou épais et court, de gros pieds en des souliers ferrés ; des mains épaisses, une bonne grosse figure rougeaude, encadrée dans une forte et dure chevelure, tirant elle-même sur le roux : de prime abord, l'impression était défavorable ; on remarquait dans l'ensemble de sa physionomie une expression de bonhomie placide, mais qui disparaissait vite, lorsqu'on voyait briller, sous ses épais sourcils, son œil malin et éveillé. Tout nouveau qui entrait comme élève au petit séminaire d'Auxerre devait, en arrivant, subir plus d'une épreuve. Le moindre défaut était exploité, avec une richesse d'imagination digne d'un meilleur emploi ; quolibets et plaisanteries tombaient nombreux sur le pauvre patient : *brimades* écolières, peu convenables, mais qui ont parfois une part effective dans la formation d'un caractère. Adrien Rouger dut donc en passer par là. « Avez-vous vu le nouveau ? disait l'un. En voilà un qui se porte bien ! » « Quel bon gros papa ! » disait un autre. « Il paraît bon garçon, criait un jeune ci-

tadin, qui devint plus tard un des meilleurs amis
d'Adrien Rouger ; mais c'est dommage, ce sera une
perte pour l'agriculture, ces mains-là auraient joli-
ment tenu une charrue. » Telle fut la première impression que produisit le jeune Rouger, en arrivant
au séminaire. Mais le temps n'est pas éloigné où les
rieurs devront changer de langage.

La vie d'Adrien Rouger entrait dans une phase
nouvelle. Jusqu'ici, Dieu avait nourri son intelligence et son cœur du lait d'une éducation toute
maternelle ; il lui fallait désormais une nourriture
plus solide, plus substantielle et plus en rapport avec
le développement de ses facultés.

Il est un âge, dans la vie de l'homme qui veut
porter un nom honoré dans la société, où il a besoin
de passer dans des mains étrangères. Le premier
réveil des passions est une époque décisive ; tout
l'avenir et même l'éternité en dépendent. C'est à
cet âge que l'homme oriente sa vie : il choisira le
bien ou le mal, selon que ses passions auront été
bien ou mal gouvernées : *Adolescens, juxta viam
suam, etiam cum senuerit, non recedet ab eâ.*

Pour l'enfant que le Ciel appelle au sacerdoce,
cet éloignement de la famille est de toute nécessité : le regard d'une mère ne serait pas un cen-
seur assez impartial, la conduite d'un père ne serait
pas une suffisante garantie. Le jeune homme qui
aspire aux honneurs du sacerdoce a besoin d'avoir
près de lui un maître clairvoyant, qui lise dans son
cœur, et lui en montre, avec impartialité, le bon et
le mauvais côté ; il a besoin de se sentir conduit

par une main sûre, qui sache le mettre dans sa voie
et lui montrer avec certitude le but vers lequel il
doit diriger sa vie.

Le nouveau séminariste allait faire l'expérience
de ce bienfait. Il dut lui en coûter de se séparer de
ses parents qu'il aimait si tendrement, et dont il
était si tendrement aimé ; mais Dieu a parlé à son
cœur, désormais la pensée du sacerdoce tiendra la
première place dans son âme et dominera toutes ses
affections ; il s'est dit : « Je veux devenir un bon
prêtre. » Les moyens ne pouvaient pas lui manquer,
il allait trouver auprès de ses nouveaux maîtres une
direction aussi éclairée que ferme.

Le supérieur du petit séminaire d'Auxerre, prêtre
vénérable qui, dans sa petite taille bien ramassée,
ne manquait pas d'une certaine grandeur de caractère, avait des qualités précieuses, pour mettre un
homme dans le bon chemin. Sec, nerveux, ne riant
qu'à bon escient, austère comme un philosophe
stoïcien, il n'était nullement tendre pour la pauvre
nature. Il eût voulu trouver dans chacun de ses
élèves l'homme du Poète : *Quem, totus si labatur
orbis, impavidum ferient ruinæ.* Une de ses plus
douces jouissances était de voir ses élèves jouer
dans la cour, nu-bras et nu-tête par vingt degrés
au-dessous de zéro. Certes, les paresseux et les natures molles connaissaient bien la vigueur de son caractère, et si parfois ils parvenaient à trouver grâce
devant lui, ils pouvaient bien croire qu'ils ne le devaient qu'à une malheureuse myopie, qui faisait sa
désolation. Lorsque, pendant la prière du matin,

M. le supérieur visitait le dortoir des petits, malheur à celui qu'il trouvait la tête sur l'oreiller ! après lui avoir appliqué une série d'adjectifs qualificatifs, de sa main nerveuse, il empoignait le dormeur par le bras, le sortait du lit et le déposait sur le carreau. C'est ce que les séminaristes appelaient la *cueillette matinale*. Sa parole, comme on le pense bien, était à l'avenant de sa doctrine. Il voulait faire des hommes et il savait y mettre le ton qu'il fallait. Un soir que, par manière de lecture spirituelle, il déclamait, avec son emphase habituelle, une page de Bossuet, ou de Chateaubriand, ses deux auteurs favoris, il aperçoit, en face de lui, un élève à demi-couché sur son pupitre et le menton mollement appuyé sur la main. De sa voix grave et sévère, il lui lance cette vibrante apostrophe : « Quel est cet homme qui n'a pas la force de porter une tête ? » Le mot fit fortune chez MM. les rhétoriciens, il fut surtout tout à fait du goût de l'élève Rouger : nous l'avons vu y applaudir de tout cœur. On peut croire que c'est à une telle école qu'il contracta cette heureuse habitude de sacrifice, de renoncement et de mort à lui-même, qui fut, toute sa vie, comme l'aliment de son cœur. Bien des fois, nous lui avons entendu dire à lui-même qu'il avait beaucoup appris sous la direction du vénéré supérieur du séminaire d'Auxerre.

Aussi bien, la grâce ne manquait pas de prise sur une nature aussi heureusement douée. Le respect, qui était chez lui une habitude d'enfance, le rendait accessible aux bons conseils de ses maîtres, et

tenait constamment son cœur ouvert à la voix de
Dieu qui lui parlait par leur ministère : il voyait
Dieu en eux et leur témoignait toute sorte de respect ; pas une parole sortie de leur bouche ne tombait à terre.

Un autre élément de bien, dans notre pieux séminariste, c'était son énergie de volonté ; le jeune
Adrien Rouger savait vouloir et se commander à
lui-même. Le côté solite de la vertu avait un attrait
particulier pour cette nature généreuse. Loin de le
déconcerter, le régime austère du séminaire donnait comme une nouvelle trempe à son caractère.
Tandis que ses camarades, nouveaux venus comme
lui, étaient plongés dans toutes les horreurs du
spleen, et rêvaient mélancoliquement la patrie
absente, lui s'estimait heureux d'avoir échangé sa
vie d'écolier en plein vent, contre cette vie régu-
lière et mesurée, dont chaque exercice est marqué
d'un coup de cloche.

Adrien Rouger voulait être un vrai séminariste,
il le fut. Aidé des conseils de ses nouveaux directeurs, qui étaient des hommes de valeur, aussi distingués par la science que par la piété, il résolut de
faire marcher de front la piété et la science. A la
fin de la première année le pli était pris, les derniers vestiges de l'enfance avaient disparu, la grâce
tenait la nature sous le joug, il revint au pays
presque un homme mûr.

Les quatre années qui suivent ressemblent à la
première, avec cette différence toutefois, que, plus
il approchait du but, plus sa vertu s'affermissait. En

somme, pendant les cinq années que notre jeune séminariste passa au séminaire d'Auxerre, sa conduite fut constamment édifiante ; jamais la plus légère incorrection ne vint attrister le regard de ses maîtres, ni éveiller leur défiance. Les notes que l'administration adressait régulièrement à la famille en font foi. Le bulletin trimestriel n'arriva jamais aux Montmartins entaché d'une mauvaise note. Ce bulletin, le bon père Rouger le lisait en présence de toute la famille réunie ; il était fier de son fils ; on voyait, au rayonnement de sa joie, qu'il trouvait dans le témoignage authentique de la belle conduite d'Adrien un ample dédommagement aux lourds sacrifices qu'il s'imposait.

Les élèves du petit séminaire n'avaient pas mis longtemps à apprécier la vertu de leur jeune condisciple : dès le milieu de la première année, ils voulurent lui donner un gage de leur estime et de la confiance que sa tendre piété leur inspirait. Trois congrégations se partageaient les élèves modèles du petit séminaire : la congrégation du Sacré-Cœur pour les grands ; la congrégation de la Sainte-Vierge pour les moyens, et la congrégation de Saint-Louis de Gonzague pour les petits. Or, dans le courant de juin 1842, la congrégation de Saint-Louis de Gonzague ayant eu à renouveler ses dignitaires, Rouger fut, à l'unanimité des suffrages, élu préfet de cette petite congrégation.

Adrien avait su, chose bien rare dans un pareil milieu, faire accepter sa vertu par tout le monde ; l'amabilité et la candeur de son caractère, qui étaient comme un reflet de sa belle âme, donnaient à ses rapports extérieurs un charme qui subjugua promptement ses maîtres et ses condisciples, et lui concilia la sympathie de tous. Maîtres et élèves revinrent bientôt de leur première impression, tous furent obligés de convenir que sous cette écorce un peu épaisse, il y avait une nature d'élite. Il y était très recherché de ses condisciples, même de ceux qui se destinaient aux carrières civiles. Ses allures franches et simples attiraient les cœurs à lui ; on aimait sa conversation qu'il savait rendre tour à tour gaie et sérieuse, mais toujours convenable et d'une correction irréprochable ; on riait de bon cœur de ses vives et joyeuses réparties, qui étaient assez souvent aiguisées d'une fine pointe d'ironie. Enfin, Adrien Rouger était ce qu'on appelle, en style d'écolier, un bon enfant. Et telle était la réputation que ses amis lui avaient faite dans tout le département, que, parmi les nouveaux qui arrivaient au petit séminaire, plusieurs connaissaient « le petit Rouger », avant de l'avoir vu. L'amabilité du caractère a sa source dans la bonté du cœur : la bonté est une fleur, l'amabilité en est le parfum. On sentait en lui un cœur riche d'affection et de tendresse ; et, de fait, dans le bon Adrien, il n'y eut jamais de place pour un sentiment mauvais.

Elève laborieux et appliqué, pendant les heures de travail, on ne le voyait jamais lever les yeux pour regarder ce qui se passait dans la salle d'étude ; il était tout entier à ses devoirs. Ecolier consciencieux, le professeur ne le trouva jamais en faute, soit pour le devoir, soit pour les leçons. Tandis que plusieurs de ses voisins faisaient leurs devoirs à la hâte, pour s'accorder une lecture intéressante, Adrien Rouger donnait tout son temps à son devoir. En se rendant à la classe, il repassait ses leçons comme préparation immédiate à la récitation.

Homme d'ordre, il était d'une propreté exquise et avait une tenue irréprochable ; le regard le plus inquisiteur n'aurait pas pu découvrir sur lui une trace de négligence. Son petit mobilier au dortoir était pauvre, mais toujours bien rangé ; ses souliers toujours bien cirés ; son chapeau, le chapeau à haute forme, qui, à cette époque, était la coiffure réglementaire du petit séminaire d'Auxerre, ne passait jamais de son étui sur la tête de son propriétaire, sans recevoir un coup de brosse consciencieux. Le règlement était pour lui une chose sacrée. Plus d'une fois, raconte un de ses condisciples, nous avons vu de jeunes espiègles essayer de le faire parler dans les heures de silence ; ils y perdaient leur temps et leur peine ; d'un geste et d'un sourire, il les congédiait.

Rien de plus édifiant que son recueillement pendant les prières : immobile et les yeux fermés, rien ne pouvait le distraire de la présence de Dieu. A l'expression de son visage, on voyait qu'il parlait à Dieu, et que chaque mot sortant de ses lèvres était parti du cœur. Dans les rangs en se rendant d'un exercice à l'autre, pour ne pas perdre du temps, il lisait quelques versets du Nouveau-Testament, ou de l'Imitation de Jésus-Christ. Pendant la sainte messe, ses yeux ne quittaient pas un petit livre qu'il portait partout avec lui : c'était le petit office de la sainte Vierge. « J'avais remarqué, raconte un de ses anciens condisciples, qu'à certains jours du mois, et toujours à la même heure, il s'absentait de la salle d'étude, pendant une demi-heure environ. En homme qui sent son écolier d'une lieue, et intrigué de ses absences, à heures et jours fixes, je voulus en avoir le cœur net. Je manœuvrai si bien, que je finis par apprendre qu'il allait chez son directeur pour lui rendre compte de son intérieur, et conférer avec lui sur sa vocation et son avancement dans la vertu. »

Les vacances ont leur danger : c'est un temps d'épreuve pour un jeune séminariste ; elles peuvent devenir une occasion de relâche pour la piété, comme elles le sont pour le travail. L'inaction, le grand air de la liberté, l'imagination, les livres, le contact avec le monde, peuvent devenir de bien mauvais conseillers pour une vertu de quinze ans. Mais le temps des vacances d'Adrien Rouger, c'était la vie du séminaire transportée à la ferme des Montmartins. « Quand il revenait en vacances, nous écrit une de ses sœurs, la piété et la joie rentraient à la maison. Il était d'une douce gaieté et d'une amabilité charmante. Il ne faisait aucun voyage, sinon de la ferme au bourg où se trouvait l'église, et du bourg à la ferme : il ne connaissait d'autres maisons que la nôtre, l'église et le presbytère. Il était très exact à son devoir des vacances, et quand il n'était pas occupé avec ses livres, il accompagnait ses frères pour les aider dans leurs travaux des champs. Malgré la grande lieue qui nous séparait de l'église, il tenait à assister tous les jours à la messe. Il ne connaissait que deux sortes de livres, ses livres classiques et ses livres de piété ; il avait surtout une prédilection marquée pour le *Manuel du séminariste en vacances*. En un mot, les vacances étaient comme un temps de grâce pour toute la famille ; nous étions heureux de posséder le bon frère au milieu de nous ; en le possédant, il nous semblait que le bon Dieu était avec nous.

Les études d'Adrien Rouger au petit séminaire d'Auxerre ne se firent pas sans succès, quoiqu'il fût sujet à de fortes et fréquentes migraines, qui contrariaient son travail et l'obligeaint quelquefois à interrompre ses études ; chaque année, aux vacances, il retournait à la maison avec une assez bonne provision de prix et de couronnes : il était des premiers de son cours.

Toutefois, nous devons le dire, Adrien Rouger devait ses succès à un travail consciencieux et opiniâtre, plutôt qu'à la supériorité de ses facultés. Chez lui, tel que nous l'avons connu pendant le cours de ses humanités, il n'y avait rien qui tranchât sur le commun ; mais c'était une intelligence bien équilibrée : esprit solide et droit ; bonne mémoire, bon jugement ; conception vive et prompte, beaucoup de bon sens pratique. Son style, un peu lourd, mais toujours correct, ne vise qu'à exprimer clairement sa pensée, sans aucune préoccupation de vanité et à l'exclusion de tout ornement superflu. Ses discours français, pendant son année de rhétorique, ne brillèrent pas par la forme ; mais peu de ses condisciples l'égalaient par la solidité et la richesse du fonds.

Du reste, voici le portrait que nous a tracé de M. Rouger un des prêtres les plus distingués du clergé de Paris, M. l'abbé Ansault, curé de Saint-Éloi, qui fut son condisciple à Auxerre. « M. Rouger était déjà au séminaire d'Auxerre, lorsque j'y suis entré en 1843. Depuis, nous avons toujours été du même cours. Il était le second de la classe, et avait chaque année le premier accessit d'excellence. C'était un bon camarade et un ami sûr, grave et aimable, appliqué au devoir, sans s'écarter du droit chemin par des défaillances d'aucune sorte. C'était l'uniformité dans le bien. Si vous me permettez une comparaison qui rendra ma pensée : son âme ressemblait à la petite plaine de l'île de Noirmoutiers, où j'avais coutume d'aller passer un mois chaque année, et que ne traversent ni vallées ni montagnes. Elle est cultivée comme un jardin ; on en arrache avec soin les herbes mauvaises ou simplement inutiles : point d'ivraie, pas même de bluets ni de coquelicots, rien que de lourds épis courbés sous le poids des grains. Aussi loin que le regard peut s'étendre on ne voit que des moissons. En suivant les sentiers tracés au milieu du blé, je respirais avec délices une odeur saine, cette vivifiante odeur de froment mûr, qui me rappelait la parole du patriarche Isaac, au moment de bénir son fils Jacob : *Odor filii mei, odor agri pleni, cui benedixit Dominus.*

Voilà le souvenir que je garde d'Adrien Rouger au séminaire d'Auxerre. »

Oui, comme l'insinue M. le curé de Saint-Éloi, Adrien Rouger devait beaucoup à son travail; mais chez lui, il y avait une pensée qui entretenait cette ardeur au travail. Parmi ceux qui se livrent à l'étude, écrit un saint docteur de l'Église, il en est qui étudient uniquement pour être savants, *ut sciant*, il en est d'autres qui étudient pour paraître savants, *ut sciantur*. Adrien Rouger faisait mieux, il étudiait pour devenir un prêtre digne de ce nom. Devenir un prêtre digne, tel était le grand ressort qui communiquait le mouvement à son zèle et donnait l'impulsion à toutes ses facultés.

Mais les temps approchent, notre jeune séminariste va bientôt se voir incorporé à la tribu lévitique. La perspective du sacerdoce, qu'il aperçoit dans un avenir prochain, va imprimer un nouvel élan à sa piété et à sa vertu. Le grand séminaire de Sens vient de lui ouvrir ses portes.

IV

1847-1851

MONSEIGNEUR ROUGER AU GRAND-SÉMINAIRE DE SENS

Les Lazaristes au diocèse de Sens. — Arrivée de Mgr Rouger au grand séminaire; ses saintes dispositions. — Première retraite et première résolution. — Choix d'un directeur et

abandon à sa conduite. — Premier sacrifice. — Modestie
extérieure; mortification; humilité; conformité à la volonté
de Dieu; charité; compassion pour les pauvres; piété. —
Amour de l'étude. — Application aux fonctions ecclésiastiques. — Zèlé béni de Dieu. — Préparation aux saints ordres.

La ville de Sens, qui fut autrefois la capitale
d'une des plus puissantes nations de la Gaule, ne
compte pas aujourd'hui plus de dix mille âmes. Elle
est située sur la rive droite de l'Yonne, un peu au-
dessous de sa jonction avec la Vanne, dont les eaux
bienfaisantes viennent, par aqueduc, alimenter les
bassins de Montsouris à Paris. L'Église de Sens est
d'origine apostolique, c'est aujourd'hui un fait
acquis à l'histoire. Fondée au premier siècle, par
saint Savinien, l'un des soixante-douze disciples du
Sauveur, et qui reçut sa mission de saint Pierre
lui-même, elle compte, depuis son origine, cent
douze prélats, dont dix-neuf sont honorés comme
saints; onze ont été cardinaux; et l'un d'eux, Pierre
Roger, a été pape sous le nom de Clément VI. L'archevêque de Sens, qui prenait autrefois le titre de
Vicaire du Saint-Siège, a conservé jusqu'à ce jour
celui de Primat des Gaules et de Germanie. Il fut
pendant longtemps métropolitain de Paris; c'est à
ce titre qu'il jouit du privilège d'une stalle dans la
cathédrale de Paris, en face de celle qu'occupe l'archevêque.

Le grand séminaire de Sens fut fondé, en 1654,
par Louis de Gondrin; mais la direction n'en fut
confiée aux prêtres de la Mission qu'en 1676, par

Jean de Montpezat, successeur de Gondrin. — La grande révolution vint les en chasser; puis, lorsque le diocèse fut rétabli, le grand séminaire fut réouvert et confié aux prêtres du diocèse, qui le dirigèrent pendant près de 17 ans. Enfin, en 1830, une ordonnance royale du 16 avril transférait Mgr de Cosnac de l'évêché de Meaux à l'archevêché de Sens; et en 1839, le digne prélat rappelait les Lazaristes dans son grand séminaire, où ils sont encore aujourd'hui.

C'est là, dans cet asile de recueillement et de prière, que nous retrouvons, en 1847, notre jeune aspirant au sacerdoce. Ses humanités terminées au petit séminaire d'Auxerre, le 2 octobre 1847, Adrien Rouger faisait ses adieux à sa famille et se rendait au grand séminaire de Sens pour y faire sa philosophie.

Durant son voyage, qui fut assez long, ces contrées n'étant pas alors sillonnées de lignes de chemins de fer comme elles le sont aujourd'hui, notre jeune séminariste eût voulu que la voiture eût des ailes, tant il lui tardait de voir le grand Séminaire.

« Enfoncé dans un coin de la voiture, rapporte un de ses compagnons de voyage, il était tout entier à son bonheur. Aucun site, aucun horizon, aucun paysage ne pouvait exciter sa curiosité. Il fit une grande partie du voyage les yeux fermés, et il ne les ouvrait, de temps en temps, que pour faire monter vers le ciel de brûlantes aspirations. Une fois, entre autres, en l'observant du coin de l'œil, je saisis, au passage, sur ses lèvres, ce verset du

Psaume : *Lœtatus sum in his quæ dicta sunt mihi, in domum Domini ibimus.*

« Puis, au moment où, pour la première fois, il posait le pied sur le seuil de ce cher séminaire, on l'entendit articuler, avec un grand soupir, un *Deo gratias* qui partait du fond du cœur. Il voyait enfin ce qu'il désirait voir depuis si longtemps, il allait se trouver dans son élément. »

Pendant les premières semaines qui suivent la rentrée des élèves au grand séminaire de Sens, la classe des nouveaux offre un coup d'œil assez bizarre. Les uns, ceux des villes surtout, arrivent au grand séminaire déjà revêtus de la soutane; les autres, surtout ceux de la campagne, n'ayant pas dans leur village un tailleur assez expérimenté pour les mettre en costume ecclésiastique, arrivent, pour la plupart, en habits laïques, ou, selon le terme consacré, ils arrivent habillés en *hommes*.

Redingotes noires, paletots de couleur, chapeaux à haute forme, feutres mous, casquettes : il y en a pour tous les goûts. Nous en avons vu plusieurs demeurer des semaines entières en habits laïques, attendant avec une impatience facile à comprendre l'arrivée du tailleur; paraissant tout honteux d'eux-mêmes, dans cet accoutrement civil, au milieu de leurs condisciples en soutane, et obligés, par surcroît de malheur, de subir à toute rencontre leurs petites railleries.

M. Rouger ne connut aucun de ces désagréments. Si ardent était son désir de se dépouiller des habits du siècle pour se revêtir des saintes livrées de

Jésus-Christ, que, dès le commencement des vacances précédant son entrée au grand séminaire,
il se préoccupa de son costume ecclésiastique; et,
le jour du départ pour Sens, toute la ferme des
Montmartins était dans la joie. Adrien n'était plus
Adrien, c'était un charmant petit abbé, que chaque
membre de la famille, ravi et ému, voulut presser
sur son cœur avant la séparation.

Quelques heures après, M. Rouger, le front rayon-
nant de bonheur, se présentait à ses nouveaux
maîtres, équipé des pieds à la tête.

« Noblesse oblige, » dit le proverbe. Admis dans
les rangs de la milice sainte, le pieux séminariste a
déjà mesuré d'un seul coup d'œil toute l'étendue de
ses nouveaux devoirs. Ecclésiastique par l'habit, il
doit l'être par l'esprit et par le cœur. Le but de ses
plus constants efforts sera d'acquérir les vertus dont
le vêtement qu'il porte est le symbole. En entrant
dans le sanctuaire, il entrait dans une vie nouvelle.

Cette vie nouvelle, il l'avait résumée dans une for-
mule aussi nette que concise, que la Sainte Église
voudrait voir écrite dans le cœur de tous ses clercs et
qui demeura le programme de toute la vie du saint
missionnaire : *Actio respondeat nomini, ne sit honor
sublimis et vita deformis.* Telle est l'impression que
laissa dans l'âme du pieux lévite le jour où il se
revêtit pour la première fois du saint habit ecclésiastique. On eût dit que Dieu lui-même avait hâte de
prendre possession de ce cœur si pur, si innocent; aussi sa grâce l'attendait au seuil même du
sanctuaire.

Le jour de la rentrée, la chapelle du grand séminaire retentit du chant grave et solennel du *Veni Creator :* c'est la retraite qui commence. Le moment est saisissant pour les nouveaux venus, peu habitués à ce genre d'exercice.

L'âme si impressionnable du jeune abbé Rouger ressentit vivement et fortement ce premier coup de la grâce ; il fut comme envahi par l'Esprit-Saint. Ce fervent lévite en effet révéla, un jour, à un de ses amis intimes, que cette explosion soudaine de la prière *Veni Creator* l'avait électrisé.

L'impression fut profonde. A partir de ce jour, chaque matin, dix minutes avant la prière commune, on pouvait voir un jeune séminariste agenouillé sur la dalle du sanctuaire et priant dans un saint recueillement ; c'était le pieux abbé Rouger qui récitait son *Veni Creator*. Il fut fidèle à cette pratique jusqu'à son dernier soupir. Lorsque Dieu rencontre un cœur fidèle et généreux, il y accomplit des merveilles, il y produit une véritable création ; il crée dans ce cœur des cieux nouveaux et une terre nouvelle ; M. Rouger en est la preuve évidente.

Cette première retraite fut pour lui un grand bienfait. Le sacerdoce, que, jusque-là, il n'avait aperçu que dans un lointain obscur, sous des couleurs indécises, sous des formes vagues et mal définies, venait de lui apparaître dans l'éclat de ses sublimes prérogatives et avec tout le cortège des vertus qui en sont l'ornement nécessaire. Cette vision du sacerdoce avait éveillé dans son âme de feu cette flamme du divin amour, qui devait l'animer sa vie tout entière. Il voyait le but bien distinctement ; mais lorsque, des sommets du sacerdoce il descendait dans son cœur et se trouvait en face de lui-même, « un sentiment d'indicible effroi envahissait tout son être ».

Cette religieuse frayeur, que tant de saints avaient ressentie avant lui, devait lui inspirer une de ces résolutions évidemment marquées au coin de la divine sagesse et qui proclament les desseins providentiels de Dieu sur une âme. M. Rouger avait écrit en tête de ses résolutions de la retraite : « Je dois et je veux me laisser conduire. » Cette résolution devait avoir une portée immense. De ce précieux germe naîtra un grand arbre dont la riche floraison réjouira le sanctuaire de son parfum, en attendant que les populations de la Chine en recueillent les fruits.

Il est impossible de ne point reconnaître l'action de Dieu dans les destinées du nouvel élu, auquel l'Eglise vient d'ouvrir les portes du sanctuaire et qu'elle est si heureuse de presser sur son sein.

Du haut du ciel, Dieu veille visiblement sur lui ; c'est sa main qui le conduit, afin de donner à ses pensées et aux élans de son cœur une direction qui réponde à ses éternels desseins. A une âme choisie de Dieu, il fallait des guides choisis. Or, par une de ces miséricordieuses attentions dont Dieu se plaît à environner ses amis privilégiés, M. Rouger a toujours eu l'inappréciable bonheur de rencontrer à toutes les étapes de sa vie, l'homme suscité de Dieu pour l'initier aux secrets du ciel et le conduire à l'accomplis-

sement de ses destinées providentielles. Au presbytère de Pourrain, Dieu avait confié l'enfant des
Montmartins à l'homme de son choix ; au grand séminaire de Sens, c'est encore à l'homme de son choix
qu'il va confier son jeune lévite.

La modestie du bon et venérable supérieur de Sens
souffrirait, nous n'en doutons pas, de trouver ici son
éloge, mais il conviendra aussi qu'il serait difficile
de parler de Mgr Rouger sans penser à M. Mourrut.
Qu'il nous permette seulement de nous unir au bonheur qu'il éprouve d'avoir donné à la compagnie et à
l'Eglise ce pieux et zélé vicaire apostolique.

Les heureuses dispositions d'Adrien Rouger
étaient riches de promesses pour l'avenir. Le nouveau directeur l'eut vite compris. Il crut qu'il pouvait attendre beaucoup d'un jeune homme qui se
montrait assez généreux pour abdiquer, en quelque
sorte, entre ses mains sa propre personnalité. Il ne
se trompait point. Toutes les fois qu'il demandera
un sacrifice, sa voix sera toujours entendue, c'est
par là qu'il voulut commencer.

Dans cette âme restée pure sous le regard vigilant
d'une pieuse mère et dans cette atmosphère de piété
qui avait environné ses premières années, il n'y
avait aucun vice à déraciner, il n'y avait que de bons
germes dont il fallait surveiller et diriger le développement.

Le pieux abbé Rouger avait plus besoin d'être
modéré que d'être excité dans la recherche du bien ;
il était surtout nécessaire de le protéger contre les
entraînements de son cœur.

Par tempérament, M. Rouger avait un attrait bien prononcé pour les voies extraordinaires de la piété. Abandonné à lui-même, les élans de son cœur auraient pu le porter à certaines exagérations, qui eussent tranché, d'une manière fâcheuse, sur cette vie commune et uniforme du grand séminaire. Son directeur dut donc se montrer attentif à modérer l'ardeur naturelle de son jeune pénitent et à équilibrer cette exubérance de vie avec le milieu dans lequel elle allait s'écouler.

Disons, à la louange de M. Rouger, qu'il ne fit aucune difficulté d'entrer dans les vues de son directeur ; d'une part, sa volonté ne lui appartenait plus ; d'autre part, il avait trop de jugement pour ne point comprendre le bien-fondé de cette ligne de conduite. Avec cette douce et aimable soumission, qui fut toujours le trait distinctif de son obéissance, il se mit résolument à suivre le chemin battu, ce chemin par où, dit saint Vincent, passe le gros des sages. Une fois entré dans cette voie, jamais le moindre écart d'une piété mal entendue ne viendra jeter sa note discordante dans cette harmonieuse uniformité de la vie commune ; et les efforts qu'il fit, ainsi que la vigilance qu'il exerça sur lui-même, pour rester fidèle au programme qui lui avait été tracé, ne furent point son moindre mérite. Mais avec quelle extraordinaire ferveur il la suivait, cette vie commune et ordinaire ! De quel cœur plein d'une généreuse allégresse il marchait dans ce chemin battu !...

Ce qui frappait dans M. Rouger, c'était cet ensemble de qualités intérieures et extérieures qui révèlent une vocation divine, et qui sont comme le cachet de Dieu dans ceux qu'il appelle au sacerdoce. Il avait un extérieur vraiment ecclésiastique. Lorsque ses condisciples le virent pour la première fois en soutane, ils en furent on ne peut plus édifiés. Dès la première année, on pouvait le proposer comme un modèle de bonne tenue.

Le digne M. Laurent, de pieuse mémoire, qui était alors supérieur du grand séminaire, faisait une guerre sans merci à tout ce qui pouvait sentir le laisser-aller ou l'esprit du siècle. Il se montrait surtout d'une sévérité inexorable pour certaines petites misères qu'il appelait « les restes du vieil homme »; c'était le tutoiement, la raie dans les cheveux, la précipitation de la marche, etc. Mais, si sévère que fût le vénérable supérieur, il ne pouvait s'empêcher d'admirer la bonne tenue de M. Rouger. Il aimait à lui rendre ce témoignage que « jamais il n'avait pu surprendre en lui ni un acte, ni un mouvement, ni une parole, ni une démarche qui ne fût en parfaite harmonie avec l'habit qu'il portait ». C'est qu'en effet l'extérieur de ce vertueux enfant du sanctuaire était la traduction exacte et rigoureuse de la recommandation du saint concile de Trente touchant la modestie des clercs : *Habitu, gestu, incessu nihil nisi grave, moderatum ac religione plenum* (1). C'était un heureux mélange de gravité et de modestie qui donnait à toute sa personne un air de douce majesté si bien en rapport avec le vêtement ecclésiastique.

(1) Concil. Trid. Sess. 22, *De reformatione.*

Des formes si convenables et si ecclésiastiques n'avaient rien de commun avec cette dignité affectée, dont la vanité humaine sait se faire un piédestal pour recevoir des hommages souvent immérités. Elles émanaient d'une source bien plus noble ; elles avaient leur racine dans une conviction intime et profonde ; elles n'étaient que l'épanouissement de la haute idée qu'il avait conçue du sacerdoce.

M. Rouger avait une foi élevée ; devant lui, on se sentait en présence d'une âme habituée à planer dans les hauteurs d'un monde surnaturel, supérieur aux préoccupations mesquines de l'amour-propre et aux pensées communes et terrestres. Dans son esprit, l'idée du sacerdoce était entièrement dégagée de tout alliage humain. Des hauteurs lumineuses de la foi, le sacerdoce lui apparaissait comme « un suprême honneur et une sublime fonction où Dieu et l'homme semblent s'identifier dans l'unité de personne ». L'honneur le jetait hors de lui, l'écrasait, provoquait dans son cœur des exclamations d'admiration et de surprise qui lui échappaient comme malgré lui et à son insu : « Moi, pauvre Adrien, destiné à être prêtre ! hier encore, gisant dans la poussière, et demain, élevé à une dignité qu'envieraient les anges eux-mêmes ! » La fonction donnait à son zèle une impulsion que l'obéissance seule était capable de modérer et de contenir dans de justes limites.

Cependant, le pieux directeur commençait à recueillir les fruits de ses soins aussi intelligents que dévoués. Il bénissait le Ciel d'avoir fait un tel présent à l'Église, il suivait avec intérêt et attendrissement l'action de Dieu dans le cœur de ce jeune lévite, dont chaque pas dans le sanctuaire marquait un progrès nouveau dans les vertus sacerdotales ; et, tandis que son regard se reposait plein d'espérance sur cet enfant de bénédiction, son cœur aimait à lui appliquer ces paroles prophétiques : *Ecce positus est hic in resurrectionem multorum.* Une voix intérieure l'avertissait qu'il avait une mission à remplir auprès de cette âme privilégiée. Dieu voulait que M. Rouger fût un prêtre selon son cœur. Le directeur ne faillit point à sa mission. Il faut bien dire que les heureuses dispositions de son pénitent lui facilitèrent singulièrement cette sainte et noble tâche. L'élève recueillait avec une pieuse avidité toutes les paroles du maître « et les enchâssait dans son cœur, comme des perles dans un écrin d'or ».

Dans l'éducation ecclésiastique, le point capital est la formation du cœur. M. Rouger avait compris le sens de ce mot. Pénétré de cette vérité, il se mit entre les mains de l'Esprit-Saint avec une générosité d'âme et une constance de volonté qui lui donnent rang parmi ceux qui ont le plus honoré l'ordre lévitique.

Il procéda logiquement. Doué de cet esprit positif, de ce sens pratique qu'il apportait en toute chose, il donna pour base au travail intérieur qui devait s'opérer en lui l'imitation de Jésus-Christ. Il allait devenir un autre Jésus-Christ par le caractère, il voulait devenir un autre Jésus-Christ par le cœur, *Sacerdos alter Christus.* Comme ces pieux Israélites qui, aux beaux jours de leur fidélité, écrivaient la loi de Dieu sur les murs de leur habitation, sur leurs instruments de travail, sur leurs vêtements et jusque dans leurs mains, afin de l'avoir toujours présente à l'esprit, ce mot : *Alter Christus*, M. Rouger l'avait écrit partout, sur son bureau, sur ses cahiers de classe, sur ses livres ; tout ce qui l'environnait, tout ce qu'il voyait avait une voix pour lui dire : *Sacerdos alter Christus*. Greffer Jésus-Christ sur l'homme, ou plutôt « faire disparaître l'homme pour mettre à sa place Jésus-Christ » : voilà le plan de campagne que nous allons le voir poursuivre, avec une inflexibilité de volonté qui n'admettra aucune sorte d'accommodement avec la nature et déjouera toutes les ruses du démon et de la chair.

La mortification devient sa vertu dominante ; elle sera pour lui un besoin, une passion. La pauvre nature va se voir aux prises avec un ennemi irréconciliable. Sous le joug d'un maître intraitable, elle devra se contenter de ce qu'on ne pourra raisonnablement lui refuser. « Le superflu, l'agréable, tout ce qui n'est que pure satisfaction, tout ce qui n'est pas imposé par la nécessité » lui sera impitoyablement retranché; placée sur l'autel de l'immolation, elle devra se contenter du strict nécessaire et vivre de sacrifices.

La mortification s'étendait à tous les sens extérieurs et intérieurs. Le repas est une des fonctions les moins nobles de la nature raisonnable ; s'assimile à la brute. M. Rouger possédait l'art de la rehausser et de l'ennoblir par la dignité avec

laquelle il l'accomplissait. « M. Rouger, assis à sa
place au réfectoire, rapporte un de ses anciens condisciples, nous semblait comme un maître au milieu de ses serviteurs. Il commandait à ses yeux, à
ses goûts et à son appétit, et toujours il était obéi. »
Quand on lui présentait de nouveau le plat, il le
laissait passer et ne prenait du vin qu'une seule fois
au même repas. Quand il se servait, il choisissait
toujours ce qui lui convenait le moins. Il acceptait
tout ce qu'on lui offrait, comme un pauvre accepte
une aumône d'un riche.

A défaut de chambres, les élèves du grand séminaire de Sens travaillaient dans une salle commune. Pendant l'hiver, cette salle était chauffée par
un poêle. Quelque temps qu'il fit, on ne le vit jamais s'approcher du feu une seule fois. A toutes les
observations que lui faisaient ses amis, au sujet des
rigueurs auxquelles il se condamnait, il répondait,
invariablement et avec un sourire modeste, par
cette parole qui était devenue légendaire : « Il faut
bien se durcir un peu, on ne sait pas ce qui peut
arriver. »

Au dortoir, une pieuse indiscrétion souleva un
petit coin du voile sous lequel s'abritait la mortification de notre fervent séminariste, et nous pouvons affirmer que là encore la pauvre nature n'était
pas toujours à son aise. Sans doute ces mortifications, considérées isolément et dans le détail, ne
sont que de bien petites vertus ; mais cet ensemble
de pénitences, cette attention continuelle à se mortifier en tout, procède certainement d'un grand

fonds de vertu ; elle annonce une âme maîtresse d'elle-même, une volonté souveraine, un homme qui sait se commander à lui-même. M. Rouger faisait mourir la nature à petit feu.

La mortification et l'humilité étant les deux principales colonnes qui soutiennent tout l'édifice de la perfection, on serait étonné qu'un homme aussi visiblement conduit par la main de Dieu n'eût pas ressenti un attrait particulier pour l'humilité. Dieu ne l'eût pas marqué de son doigt divin pour être l'homme de sa droite, s'il n'eût pas trouvé en lui une âme profondément humble. C'est parmi les humbles que Dieu recrute les hommes providentiels, qu'il destine à être les instruments de sa volonté sur la terre. D'ailleurs, l'humilité et la mortification sont deux vertus sœurs ; elles ont une commune origine, le mépris de soi-même ; elles se donnent la main ; elles se fortifient l'une par l'autre. Chez M. Rouger, l'humilité marchait donc de pair avec la mortification, ou plutôt ces deux vertus s'identifiaient l'une avec l'autre. Il était humble par mortification, et mortifié par humilité. Il mettait un soin extrême à passer inaperçu au milieu de ses condisciples, à suivre son chemin modestement, sans bruit et sans éclat. Il évitait tout ce qui aurait pu attirer l'attention sur lui ; il ne parlait jamais de lui. Certains détails de sa vie de famille auraient pu intéresser ses condisciples et le mettre en évidence ; il gardait discrètement le silence sur ce point. La vie commune, si parfaite qu'on la suppose, ne manque jamais d'offrir un côté épineux ; parmi tant de caractères journellement en contact, ce serait un miracle dans l'ordre moral qu'il n'y eût pas de temps en temps quelques chocs pénibles, quelques froissements d'intérêts personnels; mais M. Rouger paraissait au-dessus de toutes ces petites blessures de l'amour-propre. Tel était l'empire qu'il exerçait sur lui-même, que les plus vives contrariétés ne parvenaient que très rarement à troubler la sérénité de son âme. En présence de l'humiliation, il se contentait de baisser les yeux, il gardait le silence. C'est à peine si on pouvait saisir une légère altération dans les traits du visage. On peut être humilié sans être humble; chez M. Rouger l'humiliation n'allait jamais sans l'humilité. L'humilité le portait aussi à rendre les plus humbles services à ses condisciples, dont il voulait être le dévoué serviteur. Lorsque, en se levant le matin, pendant l'hiver, il s'apercevait qu'une épaisse couche de neige encombrait toutes les avenues de la maison, il se hâtait de s'habiller et de ranger sa petite cellule; puis, descendant promptement, il prenait un balai et déblayait toutes les allées par où devaient passer ses condisciples pour se rendre à l'oraison. C'est encore par un sentiment d'humilité qu'il voulait se nourrir le plus pauvrement possible. Il se plaisait, pendant les vacances, à ramasser, pour ses repas, tous les restes de pain qu'il trouvait sur la table; souvent, on le surprit mangeant avec délices de vieux croûtons de pain tout enfarinés, qu'il avait trouvés dans la huche; et « il faisait cela, raconte sa sœur Madeleine, avec une telle finesse et une telle gentillesse qu'on eût dit qu'il savourait un rayon de miel ». On ne manquait jamais de lui faire une observation affectueuse à ce sujet ; mais la réponse n'était pas loin : *il faut bien se durcir.*

L'épreuve est la pierre de touche de la vraie et solide vertu. Il semble qu'il lui manquerait quelque chose, si elle ne recevait pas cette suprême consécration de l'épreuve. L'épreuve ne donne pas la vertu, mais elle montre où elle est. Pendant sa deuxième année de séminaire, M. Rouger fut atteint d'un mal au genou, assez considérable pour donner de sérieuses inquiétudes au médecin de la maison. Pendant un mois, il se vit réduit à l'immobilité, la jambe allongée sur une chaise. Aux souffrances physiques, qui ne lui laissaient aucun instant de repos, se joignaient les souffrances morales : son avenir pouvait à jamais être brisé ; mais, si douloureuse que fût la maladie et si incertaines qu'en fussent les conséquences, il conserva toujours la même égalité d'esprit. Il accueillait avec un aimable sourire tous ceux qui allaient le visiter à l'infirmerie ; et, au plus fort du mal, on ne l'entendait prononcer que cette seule parole : Je suis entre les mains du bon Dieu, il ne m'arrivera que ce que le bon Dieu voudra. »

La charité de M. Rouger était connue de tout le monde ; on savait surtout qu'il ne supportait pas la médisance. En récréation, sa seule présence, dans un groupe d'amis, était pour les absents une assurance contre les langues médisantes. Il avait appris que saint Augustin avait fait tracer sur les murs de sa salle à manger cette sentence mémorable :

Quisquis amat dictis absentum rodere vitam
Hanc mensam vetitam noverit esse sibi.

« Défense à ceux qui aiment à déchirer la réputation des absents de venir s'asseoir à cette table. » Si M. Rouger avait eu une salle à manger, nul doute qu'il ne l'eût décorée de ce distique. Mais on peut croire qu'il était profondément gravé dans son cœur. Un jour, malgré sa présence, quelques élèves s'étaient départis de leur réserve habituelle et avaient quelque peu entamé la réputation d'un absent. Il faut dire que la chose n'était pas de conséquence. On devisait aux dépens d'un bon vieux prêtre dont le chapeau paraissait remonter à la plus haute antiquité, et quelqu'un de la bande joyeuse avait proposé de célébrer la cinquantaine de ce légendaire couvre-chef. M. Rouger les écouta d'abord sans rien dire ; mais, voyant que la conversation continuait sur le même ton, il les interrompt et dit : « Allons, mes amis, c'est assez pour celui-là ; il a bien son compte, passons à un autre maintenant. » A cette douce et fine apostrophe, chacun baissa la tête, en jetant un regard tout confus sur sa conscience, et, au lieu de passer à un autre, on passa à autre chose.

On dirait qu'il y a, entre les grandes âmes, un aimant qui les attire, une force invisible qui les rapproche, comme de secrètes intelligences, au moyen desquelles elles se comprennent et se communiquent leurs pensées, pour les diriger vers un but commun. Depuis qu'il avait appris à connaître saint Vincent de Paul, M. Rouger se sentait vivement attiré vers ce bienfaiteur de l'humanité, vers ce Père des pauvres. Vincent de Paul lui apparaissait comme le type, l'idéal du prêtre. Au contact de ce grand cœur, son cœur se dilatait et s'ouvrait aux nobles inspirations, à tous les généreux dévouements ; sa bonté naturelle prenait chaque jour les formes les plus douces, les plus touchantes, les plus aimables : il sentait grandir dans son cœur un entraînement de tendre compassion pour les malheureux. Vincent de Paul lui avait communiqué l'étincelle de sa charité. Dès le temps du grand séminaire, nous le voyons, nouveau Vincent de Paul, la main et le cœur toujours ouverts, préluder, par de petites aumônes corporelles et spirituelles, à cette ardente charité dont la terre de Chine recueille aujourd'hui les bienfaits. Les jours de promenade, en vertu d'une permission gracieusement accordée, il s'en allait, en compagnie de quelques amis enflammés par son zèle, visiter les familles pauvres dans les villages des environs de Sens, et partout où il passait, il laissait avec sa modeste obole « une parole du bon Dieu, une pensée de foi, une consolation, un encouragement, et l'on gardait un souvenir reconnaissant du *bon petit curé du séminaire* ».

Pendant les vacances, sa charité compatissante puisait, dans la *Vie de saint Vincent de Paul* par Abelly, qu'il portait partout avec lui et qu'il savait par cœur, au dire de ses amis, un aliment qui en favorisait le développement et lui communiquait de nouvelles ardeurs, ainsi que le prouve le fait suivant.

Une de ses sœurs raconte qu'un jour de vacances, en revenant de la messe, il s'en alla visiter une pauvre infirme, que des parents sans cœur laissaient dans la plus affreuse détresse. Le misérable réduit, où gisait cette pauvre abandonnée, n'avait pas vu le balai depuis des mois, c'était la malpropreté et le désordre dans toute leur horreur. Après quelques bonnes paroles à cette malheureuse, notre jeune séminariste retire son rabat, relève un peu le bas de sa soutane, retrousse ses manches et se prend à faire le ménage. Il commence par mettre un peu d'ordre dans le taudis, puis, s'armant d'un gigantesque balai de bouleau, il le promène vigoureusement sous le lit, sous les tables, dans les coins et recoins, qui ne s'étaient jamais vus à pareille fête. Mais, disait-il à sa sœur, en lui racontant ce petit exploit, « quand j'eus fini, c'est moi, qui me suis trouvé bien penaud, ma soutane et mes cheveux avaient changé de couleur ; on eût dit que je sortais d'un moulin. Heureusement que, pour rentrer chez nous, je n'avais à suivre que de petits sentiers au milieu des bois. Bref, je n'ai été vu que de Dieu et des anges, qui ont dû bien prendre en pitié le pauvre Adrien ».

La piété de M. Rouger avait quelque chose des ardeurs séraphiques de son second patron, saint François d'Assise. C'était un feu intérieur dont il avait peine à contenir la flamme ; elle se manifestait de toute manière. A l'extérieur, fidèle à la ligne de conduite que son directeur lui avait tracée, il ne voulait être qu'un bon et vrai séminariste ; mais sous ces formes empreintes de simplicité et de douce modestie, on sentait un cœur tout brûlant d'amour. M. Rouger était tout plein de Dieu ; il eût été difficile de saisir un instant dans la journée où la pensée de Dieu fût absente de son esprit. Il marchait avec Dieu, travaillait avec Dieu, vivait de Dieu. Dieu avait apposé son sceau divin sur le cœur de son pieux lévite et il en réglait tous les battements.

Pendant les prières, il suffisait de le voir pour se sentir attiré vers Dieu ; il paraissait étranger à tout ce qui se passait autour de lui. Les jours de communion, en revenant de la sainte table, il était transfiguré. Rien de plus touchant que sa dévotion envers la Passion de Notre-Seigneur. Chaque mercredi de l'année, pendant la récréation libre du matin, après avoir fait un peu d'exercice dans le jardin, il se rendait à la chapelle et terminait sa matinée par le chemin de la Croix. Que dire de sa piété envers le très sainte Vierge ? Que de fois la Madone du jardin l'a vu prosterné à ses pieds, répandant son âme dans de brûlantes effusions d'amour et de tendresse !

Son respect pour l'autorité tenait de la vénération. Habitué à ne considérer les personnes, les événements et les choses que dans leurs rapports avec Dieu, il voyait tout en Dieu et Dieu en tout. Pénétré de cette crainte révérentielle, de cette soumission filiale qui est la marque des âmes bien nées, il considérait un simple désir de ses directeurs comme un ordre ; leurs décisions, quelles qu'elles fussent, étaient ratifiées d'avance dans son cœur.

La règle ne connut jamais de plus fidèle observateur que M. Rouger. Il obéissait au son de la cloche, comme le soldat au commandement ; jamais le deuxième coup ne le trouva dans la même position que le premier. Les vacances elles-mêmes n'apportaient aucun relâche à cette ponctualité ; pendant ce temps, il faisait tous ses exercices de piété à heures fixes, comme au Séminaire. Il ne voulait pas qu'on l'éveillât autrement que par le *Benedicamus Domino*, afin que chaque matin sa première parole fût pour Dieu.

Telle était la piété de M. Rouger au grand séminaire de Sens. Son ardeur à acquérir les vertus qui constituent la sainteté du prêtre n'avait d'égal que son zèle à se former aux devoirs et aux fonctions ecclésiastiques.

Dans le recueillement de l'oraison, il avait pesé et mûri longuement les terribles et irréparables conséquences que peut avoir pour Dieu et pour les âmes l'ignorance du prêtre. Bien des fois, il s'était mis en présence de cette sentence pleine de menaces : *Quia repulisti scientiam, repellam te ne sacerdotio fungaris mihi.* Sa conscience délicate s'en était alarmée. Le temps qu'il aurait dérobé à l'étude, il aurait cru le dérober à Dieu et aux âmes. « La vie du prêtre, disait-il souvent, est un tissu composé d'instants d'un prix infini. » Il embrassait avec une égale ardeur toutes les branches de la science ecclésiastique ; rien n'était négligé. Il étudiait lentement, posément, d'une manière réfléchie, il se rendait compte de tout. Il avait des notions nettes et précises sur tout ce qui était l'objet de ses études, comme il était facile de s'en convaincre par ses récitations, qui se distinguaient d'habitude par une parfaite lucidité.

Sa science théologique ne dépassait pas le cadre naturellement restreint d'un programme de grand séminaire ; mais ce cadre était bien rempli ; on n'y remarquait aucune lacune. Ses connaissances n'avaient ni l'étendue ni le brillant que l'on pouvait admirer dans plusieurs de ses condisciples, mais ce qu'elles perdaient en superficie, elles le gagnaient en solidité et en profondeur. Quelques-uns savaient plus que lui, nul ne savait mieux, et ce qu'il savait il ne l'oublia jamais. Il assistait aux classes la plume à la main, notant avec intelligence les explications qui complétaient le texte de l'auteur. Devenu évêque, « il relisait encore ses petits résumés du grand séminaire ».

Mais l'étude qui occupait la première place dans ses affections était l'étude de la Sainte Écriture. Il y trouvait un double profit ; sa foi s'y nourrissait d'un pain de vie, et son zèle se préparait d'avance, dans cet arsenal divin, des armes offensives et défensives, dont il comptait bien se servir un jour pour agrandir le royaume de Dieu en ce monde. Ses anciens condisciples prétendent qu'il savait par cœur le Nouveau Testament tout entier. Nous n'avons pas pu vérifier cette assertion ; mais, une chose certaine, c'est qu'il citait le texte sacré avec une grande facilité. Sa correspondance annonce un homme dont la mémoire est richement meublée de vérités divines et le cœur plein de l'esprit de Dieu.

M. Rouger s'appliquait avec un soin religieux aux fonctions ecclésiastiques. Sa tenue au chœur était d'une correction irréprochable; avec son surplis, toujours plissé de frais et blanc comme neige, il était l'ornement du sanctuaire. A le voir au pied des autels, accomplissant les fonctions de son ordre d'un air si pénétré, si plein de foi, on croyait voir le jeune Samuel servant dans les sacrifices, sous les yeux du grand prêtre Héli; il imprimait un cachet de dignité et de grandeur aux moindres fonctions de son ordre.

Désigné par la confiance de ses supérieurs pour remplir les fonctions de maître de cérémonies, il s'acquittait de cette charge avec une attention prévoyante à laquelle rien n'échappait. Le dévouement qu'il déployait pour exercer ses condisciples aux diverses fonctions de leur ordre atteste hautement l'esprit de religion dont son cœur était pénétré. Si, parmi ceux qui assistaient à la répétition des cérémonies, certains paraissaient ne pas attacher assez d'importance à leurs fonctions, en quelques mots pleins de douceur et de tact, il leur rappelait quelque circonstance de la vie de Notre-Seigneur ayant quelque rapport avec cette cérémonie; ce petit discours manquait rarement son effet.

La beauté des offices, dont les cérémonies étaient exécutées avec précision et dignité, l'attendrissait jusqu'aux larmes, comme aussi les négligences

dans cette matière, surtout lorsqu'elles paraissaient
provenir d'un manque de foi, portaient la tristesse
dans son cœur, et il en souffrait visiblement. Voici,
à ce sujet, un petit trait qui peint au vif notre pieux
séminariste.

M. Rouger avait remarqué qu'un de ses condisciples ne plissait jamais son surplis. En le quittant,
il le suspendait à un clou du vestiaire et, le lendemain, il le reprenait tel qu'il l'avait laissé la veille :
que l'on juge si, au chœur, ce surplis devait faire
bonne mine à côté de ses voisins. Le contraste était
trop frappant pour passer inaperçu. M. Rouger résolut de jouer à son condisciple un tour de sa façon.
Pendant la récréation de midi, lorsqu'il voyait son
homme engagé dans quelque discussion, il s'esqui-
vait doucement, gagnait furtivement le vestiaire,
plissait le surplis, le remettait en place, et revenait
à son groupe avec un air le plus innocent du monde.

Ce petit manège dura plusieurs semaines, sans
qu'on pût savoir quelle main mystérieuse venait
ainsi exercer son talent sur le surplis d'autrui ; la
mystification était complète. A la fin cependant,
l'homme au surplis voulut voir clair dans cette
affaire. Il organisa une surveillance qui ferait honneur à un chef de la police française, et, un beau
jour, on surprit le coupable en flagrant délit.
M. Rouger fut bien mystifié à son tour, mais, en
homme d'esprit qu'il était, il fit condamner le propriétaire du surplis, par un jury d'experts, à une
forte amende au profit des petits Chinois. Cette
aventure fit beaucoup rire et défraya, pendant

plusieurs jours, les conversations; mais elle n'étonna personne; car, on savait « de quoi était capable la charité du petit maître des cérémonies ».

M. Rouger montrait aussi un soin extrême à se former au chant ecclésiastique; mais nous devons à la vérité de déclarer qu'il n'excella jamais dans cette partie. Quelques efforts qu'il fît et quoiqu'il aimât passionnément le chant, il ne s'éleva jamais au-dessus de la médiocrité. Lorsqu'il avait mal réussi, il se couvrait la figure de ses deux mains, et riait de « sa maladresse ».

Mais quel parfum d'édification ce pieux et fervent séminariste répandait autour de lui! Une piété aussi bien entendue, une vertu aussi aimable ne pouvait manquer de trouver le chemin des cœurs. Aussi, de l'aveu du digne et vénéré supérieur du grand séminaire, le séjour de M. Rouger à Sens a été une grande grâce pour ses condisciples. Plusieurs d'entre eux, qui sont aujourd'hui l'honneur du clergé sénonais, se ressentiront toute leur vie d'avoir eu M. Rouger pour ami.

C'est qu'en effet M. Rouger avait une piété communicative. L'amour de Dieu faisait le tourment de son cœur; c'était un besoin pour lui de faire passer dans l'âme de ses amis les saintes ardeurs dont son âme était embrasée, et de verser dans leur cœur le trop plein de son cœur : simple clerc, il était déjà apôtre.

Il était très recherché de ses condisciples à cause de sa haute piété. Au sortir d'un entretien avec lui, on se sentait toujours meilleur et mieux disposé pour la vertu. Aussi, chaque samedi, pendant la récréation du soir, dans certaine petite allée, dont le nom était bien connu, tout au fond du jardin, plusieurs condisciples venaient se joindre à lui pour conférer ensemble sur la manière de bien sanctifier la semaine qui allait commencer. Partout ailleurs, ces petites réunions auraient pu engendrer de graves inconvénients ; mais grâce au bon esprit qui régnait au séminaire, personne n'y faisait attention. La veille d'une grande fête, on disait dans quel esprit on devait célébrer la solennité. A l'approche des ordinations, on se préparait à cette grande action par une neuvaine. M. Rouger, qui était l'âme de ces petites réunions, réglait lui-même le disposif de la neuvaine, il indiquait les prières à réciter, les petits sacrifices à s'imposer pour recevoir dignement et avec fruit les saints ordres.

Le Ciel, nous en avons la douce confiance, ne manqua pas de verser ses grâces avec abondance sur ces pieux jeunes gens, qui cherchaient Dieu avec tant de sincérité et une telle simplicité de foi.

Pour ce qui concerne M. Rouger, nous en avons la certitude : ses ordinations ont marqué les plus beaux jours de sa vie ; au sortir de l'ordination, il était transfiguré, radieux : on eût dit qu'il n'appartenait plus à la terre.

Il reçut la tonsure le 2 juin 1849, dans la cathédrale de Sens, des mains de Mgr. l'archevêque Mellon-Jolly. Nous n'avons découvert aucune note qui pût nous indiquer les dispositions du pieux lévite dans cette première ordination ; mais, à défaut de notes, nous avons un souvenir qui va nous révéler le fond de son cœur.

Sous ce titre : *Un souvenir d'ordination*, voici ce que rapporte un des plus intimes amis de M. Rouger : « Le jour où M. Rouger devait recevoir le sous-diaconat, je devais moi-même recevoir la tonsure. En qualité d'amis, il avait été convenu qu'il me ferait ma première tonsure ; il l'avait retenue plusieurs mois d'avance. Pour cette petite opération, le patient s'asseyait sur un banc du jardin, près de la margelle du puits et l'opérateur se mettait à l'œuvre. Lorsque M. Rouger eut donné à son ouvrage toute la perfection désirable, il mit ses ciseaux sur le banc, posa doucement ses deux mains sur ma tête, se recueillit un instant et baisa respectueusement ma jeune tonsure. En sentant ce baiser plein de foi sur ma tête couronnée, il me sembla qu'il s'imprimait dans mon âme et qu'une grâce l'avait accompagnée dans mon cœur. Je venais de comprendre ce que doit être le jeune tonsuré. »

M. Rouger reçut les ordres mineurs le 25 mai 1850. Généralement, c'est l'ordination qui fait le moins d'impression, mais M. Rouger avait des vues trop hautes sur le sacerdoce pour la traiter à la légère. Avant d'aller courber la tête sous la main du pontife, il avait médité longuement les fonctions, les obligations ainsi que les vertus correspondantes à chaque ordre mineur.

Le 14 juin 1851 marque une date mémorable dans la vie du saint missionnaire ; il recevait le sous-diaconat. Ce jour-là il ne l'oublia jamais ; il s'imprima en traits ineffaçables dans son âme. Mais, quels élans d'amour! quels transports de joie! notre plume est impuissante à les redire. Son cœur déborde ; il éprouve le besoin d'en épancher le trop plein dans le sein de sa famille. Dès le 28 avril, il écrit à ses parents, pour leur annoncer l'heureuse nouvelle. — « Chers Parents, jeudi dernier, 24 avril, j'ai été appelé au sous-diaconat. Cette fois, c'est une affaire réglée, j'avancerai. Je vais appartenir au Seigneur sans réserve et sans partage. Priez donc pour moi, car il y va de mon éternité ; chaque soir jetez-vous tous aux pieds de Marie, notre bonne Mère, demandez-lui que votre Adrien soit un bon prêtre. »

Le 8 mai, nouvelle lettre. « Chers parents, voici l'ordination qui approche ; oh ! je vous en conjure, redoublez de prières pendant ma retraite. Quel grand jour ! Il y va de mon salut et du salut de beaucoup d'autres. » Le 3 juin, troisième lettre : « Chers parents, le voici qui arrive ce grand jour qui va opérer en moi un changement éternel. » Enfin, le 14 juin, jour de l'ordination, quatrième lettre : c'est une explosion de joie, de bonheur et de reconnaissance. « Chers parents, il est trois heures du soir, voilà déjà six heures que je suis sous-diacre ! *Deo gratias!* Je suis sous-diacre, c'est-à-dire que j'appartiens maintenant au bon Dieu, et plus du tout ni à vous ni à moi, ni au monde. Oh ! remerciez le Dieu toujours bon des grâces dont il m'a comblé. Jamais, ni vous, ni moi, ne pourrons en comprendre l'étendue. Moi, le pauvre Adrien que vous savez, Ministre de Jésus-Christ ! moi, associé aux anges pour chanter avec eux, à toute heure du jour et de la nuit, les louanges de notre Dieu ! Oh ! *Deo gratias et semper Deo gratias!* »

Nous n'avons pu nous défendre d'une profonde émotion, en lisant ses résolutions du sous-diaconat. Le matin de l'ordination, avant de se rendre à la salle des ornements, il traçait, d'une main ferme et énergique, quelques lignes où se peint toute l'ardeur de sa foi.

Grâces à demander à Dieu, le jour de l'ordination, sur le pavé :

1° De mourir là, sur le pavé, plutôt que d'être infidèle à mes promesses ;

2° De me donner tout ce qu'il faut, pour être capable de faire connaître Jésus-Christ aux infidèles, et ensuite avoir le bonheur de confesser la foi et de la défendre en donnant ma vie pour lui.

Comment rapprocher ce jour si précieux du sous-diaconat, de cet autre jour, non moins mémorable, où il tombait sous les coups d'une persécution impie et barbare, sans être attendri jusqu'aux larmes? O pieux lévite ! ô prêtre saint ! ô grand évêque ! Dieu vous a entendu, Dieu vous a exaucé, Dieu était avec vous !

Telle a été la vie de M. Rouger au grand séminaire de Sens ; une vie toute sainte. Déjà, on voyait que Dieu se préparait en lui un prêtre selon son cœur.

Dans le jeune clerc, on pouvait déjà entrevoir l'homme de communauté, l'apôtre. Quelques précautions que prît M. Rouger pour ne pas attirer l'attention sur lui, ses condisciples ne s'y trompaient pas ; ils se disaient entre eux en plaisantant. « Ce petit abbé Rouger deviendra quelque chose ; vous verrez qu'il nous échappera. » La voix du peuple est quelquefois la voix de Dieu.

V

1850-1851

VOCATION DE MONSEIGNEUR ROUGER A ENTRER DANS LA CONGRÉGATION DE LA MISSION

Première invitation de la grâce, au petit séminaire d'Auxerre. — Nouvelles excitations, au grand séminaire de Sens. — Attention consciencieuse de M. Rouger pour étudier et connaître la volonté de Dieu. — Ses anxiétés. — Marques reconnues certaines. — Luttes avec sa famille ; une scène émouvante. — Consentement de son père. — Triomphe définitif.

Les vacances de 1851 venaient de prendre fin. Le premier lundi d'octobre de la même année, le grand séminaire de Sens voyait revenir ses hôtes habituels, contents et joyeux de se retrouver de nouveau réunis après trois longs mois de séparation. Les amis se cherchent, se reconnaissent, s'embrassent.

Mais, où est M. Rouger ? se demande-t-on dans tous les groupes ? qu'est-il devenu ? Bientôt la grande nouvelle se répand dans tout le séminaire : « M. Rouger est entré à Saint-Lazare ! » En effet, quatre jours auparavant, le 29 septembre, M. Rouger arrivait à notre maison-mère, à Paris, pour commencer son séminaire interne.

Mais, quel est l'agent mystérieux dont la divine Providence voulut se servir, pour manifester ses volontés au futur apôtre de la Chine ? C'est le secret de Dieu.

Ce qu'il y a de certain, c'est que, pendant ses premières études, M. Rouger n'avait nullement la pensée d'embrasser la vie religieuse. « Mon frère, écrit une de ses sœurs, ne songea pas toujours à être missionnaire ; ce n'est que plus tard que l'idée lui en est venue. Dans les commencements, il faisait de petites combinaisons, et des projets où il serait curé dans une paroisse ; il se plaisait à s'entretenir avec ses frères et sœurs du soin qu'il aurait de son église et des autels, de l'éclat qu'il donnerait aux cérémonies, et du zèle qu'il déploierait dans ses prédications et catéchismes : toute sa pensée était là. »

D'après la correspondance de M. Rouger avec sa famille, pendant son séjour au grand séminaire, c'est vers la fin de la deuxième année que sa vocation commence à se dessiner. Mais, selon nous, le premier appel de Dieu remonte à une date antérieure ; c'est au petit séminaire d'Auxerre que la grâce frappa son premier coup, et cela à l'insu de

M. Rouger lui-même, qui ne soupçonnait guère alors les desseins de Dieu sur lui. A l'époque où M. Rouger venait de commencer ses humanités au petit séminaire d'Auxerre, en 1842, il n'était bruit dans les *Annales de la Propagation de la Foi* que du martyre du vénérable Perboyre, arrivé, comme on sait, le 11 septembre 1840. On se passionnait pour cette lecture ; on s'arrachait des mains les numéros où il était fait mention de la persécution du Hou-pé. Aux détails si touchants des tourments inouïs, supportés si héroïquement par le généreux martyr, l'émotion gagnait tous les cœurs ; tous, professeurs et élèves, étaient dans l'admiration ; c'était comme un courant d'enthousiasme, qui emportait tous les cœurs vers la Chine. Les élèves des basses classes, eux-mêmes, se montraient impressionnés. M. Rouger, entre autres, dont l'imagination était si inflammable, avait été vivement remué. Il dit un jour à un de ses amis qui recevait habituellement ses petites confidences « Que c'est beau d'être missionnaire et de mourir martyr ! » Cependant toutes ces têtes d'adolescents finirent par se calmer, et chacun revint à ses auteurs grecs et latins. Mais si cette noble flamme s'éteignit, ce feu demeura dans le cœur du jeune Rouger ; il va sommeiller quelque temps sous la cendre en attendant un nouveau souffle de la grâce.

A son arrivée au grand séminaire de Sens, en 1847, M. Rouger fut, comme tant d'autres, frappé et ravi, c'est son expression, de la simplicité et de la bonté de ses nouveaux maîtres, qui traitaient en quelque sorte d'égal à égal avec leurs élèves. « Mais, demanda M. Rouger à un ancien, messieurs les directeurs ont un genre particulier, ce ne sont donc pas des prêtres du diocèse. — Non, répond le condisciple, ce sont des Lazaristes. » A ce mot de *Lazariste*, que tant de fois il avait lu, sans s'en rendre compte, dans les *Annales de la Propagation de la Foi*, le jeune philosophe devint rêveur. Le souvenir du généreux martyr du Hou-pé lui était revenu en mémoire.

Pendant une année entière, M. Rouger caressa ce souvenir cher à son cœur, mais sans oser s'en ouvrir à son directeur. D'abord, il craignait une fin de non-recevoir ; puis sa santé laissait bien à désirer. D'ailleurs, après les lourds sacrifices que ses parents s'étaient imposés pour le faire étudier, n'y aurait-il pas de la cruauté à les abandonner ? Ce fut seulement pendant la deuxième année, à l'occasion de son appel à la tonsure, que, pour l'acquit de sa conscience, il se décida à parler.

Nous savons la réponse qui lui fut faite : « Mon cher ami, il s'agit d'une chose très grave, ne nous pressons pas. Mettez vos projets en quarantaine ; priez et réfléchissez ; plus tard nous verrons ce que Dieu décidéra. »

Dire le travail qui s'opéra, à partir de ce jour, dans l'esprit et dans le cœur du jeune tonsuré, serait chose impossible. Tous les moyens que pouvait lui conseiller la prudence pour s'éclairer sur sa vocation furent mis en œuvre : communions, neuvaines, mortifications, conférences avec le directeur, tous ses exercices de piété, toutes ses pratiques de vertus avaient pour but d'obtenir de Dieu qu'il manifestât sa volonté. Toutes les pensées de son esprit, toutes les aspirations de son cœur convergeaient vers ce point unique. La parole de saint Paul, terrassé sur le chemin de Damas : *Domine, quid me vis facere ?* Seigneur, que demandez-vous de moi? que voulez-vous que je fasse? était le cri continuel de son âme. L'année scolaire s'achève au milieu de ces préoccupations ; les vacances elles-mêmes se passent dans cette recherche anxieuse de la volonté de Dieu, mais sans mettre plus de lumière dans son esprit.

Il croit entendre au fond de sa conscience une voix qui lui dit, comme autrefois au père des croyants : « Quitte tout et viens dans le lieu que je te montrerai. » Mais aussitôt après s'élève du plus intime de son cœur une autre voix qui lui crie : « Reste, le devoir l'ordonne. » A laquelle de ces deux voix obéir? Voilà ce qui faisait le tourment de son esprit. Dans cette pénible incertitude, tantôt c'est la grâce qui triomphe, et tantôt c'est la nature qui l'emporte ; c'est la lutte de saint Augustin avec lui-même, au temps de sa conversion : *ego eram qui volebam et ego eram qui nolebam ;* il voulait et il ne voulait pas. Un mot, venant de celui que Dieu lui avait donné pour guide, aurait suffi pour porter la lumière dans son âme ; une simple décision, un oui, un non, aurait fixé ses hésitations ; mais ce mot, il se faisait bien attendre ; cette décision, elle ne se pressait pas de venir.

M. Rouger dut demeurer une année encore dans

cette pénible perplexité. Il était dans la situation de
ce voyageur, qui, voyant s'ouvrir deux routes devant
lui, et ne sachant laquelle prendre, attend qu'une
main amie et dévouée lui indique son chemin.
Trop prudent pour prendre lui-même une détermination, dans une affaire de cette importance, c'est
dans son directeur qu'il place toute sa confiance,
c'est de lui qu'il attend la lumière, bien persuadé,
dans la candeur de sa foi simple et naïve, que c'est
Dieu qui lui parlera par la voix de son directeur.

Enfin, pendant la retraite de l'ordination où il
devait recevoir les ordres mineurs ; après une fervente neuvaine, pour faire une sainte violence au
Ciel, et pendant laquelle il récite je ne sais combien
de *Veni Creator*, la lumière se fait dans son esprit :
Dieu manifesta enfin sa volonté ; il prononça le mot
si ardemment désiré : *Veni, sequere me*. M. Rouger
avait désormais la conscience en repos ; mais son
cœur était brisé.

L'heure de la lutte vient de sonner. Notre-Seigneur nous dit dans l'Evangile : « Je ne suis point
venu apporter la paix, mais le glaive, *non veni
pacem mittere, sed gladium ;* je suis venu séparer le
fils d'avec son père, *veni separare hominem adversus
patrem suum*. Cette parole du divin Maître va s'accomplir à la lettre dans la ferme des Montmartins ;
cette sainte maison, naguère si calme, si paisible,
où l'on voyait briller sur tous les fronts la paix des
enfants de Dieu, va se remplir de gémissements et
de larmes. M. Rouger va avoir à lutter contre toutes
les forces de la nature et de l'enfer conjurés contre

lui, pour livrer assaut à son cœur de fils et de
frère. La lutte commence au mois de juin 1850 et ne
finira qu'à la fin de septembre 1851 ; ce sont donc
quinze mois de combat entre la nature et la grâce,
entre sa conscience et sa tendresse filiale ; quinze
mois de souffrances intérieures et de tortures morales, augmentées de toutes les souffrances dont il
sera l'occasion, et de toutes les larmes qu'il verra
tomber des yeux de ses pauvres parents.

C'est d'abord une lutte toute intérieure au fond
de son cœur, lutte qui n'a d'autre témoin que Dieu
seul. Les plus intimes amis de M. Rouger n'eurent
jamais le moindre soupçon de ce qui se passait en
lui et de ce qu'il souffrait intérieurement, tant il
sut conserver d'empire sur lui-même ; extérieure-
ment, c'était toujours la même gaieté et son amabilité habituelle ; mais comme son cœur souffrait !

Que vont dire ces pauvres parents ? que vont-ils
penser ? comment leur annoncer une pareille nouvelle ? Depuis tant d'années ils sont à la peine et
dans la gêne à cause de lui ! Ne sera-ce pas un coup
mortel pour cette bonne petite mère, qui n'a d'yeux
et de cœur que pour son Adrien ? Et ce bon papa,
qui s'est imposé tant de sacrifices, qui s'est endetté
pour faire étudier son fils et le conduire au sacerdoce, quel glaive transpercera son âme, en apprenant une aussi triste nouvelle, à laquelle il est si
loin de s'attendre ! C'est dans de telles pensées,
qui lui fendaient le cœur, que M. Rouger passa sa
dernière année au grand séminaire de Sens.

Il fallait cependant agir. M. Rouger avait décidé

qu'il ne partirait qu'avec le consentement et la bénédiction de ses pieux parents ; il prévoyait que la
lutte serait terrible et que sa détermination arra-
cherait beaucoup de larmes, et des larmes bien
amères. Comme il était bon fils, il voulut préparer
ses chers parents longtemps d'avance, doucement,
insensiblement, à ce douloureux événement, afin
de ménager leur sensibilité naturelle. Il montra
dans cette circonstance une prudence et un tact
qui n'avaient d'égal que la délicatesse de son cœur.
Il leur servit à petites doses, et pour ainsi dire
goutte à goutte cet amer breuvage. Il commença
d'abord par une simple insinuation. En leur souhaitant la bonne année en janvier 1851, il leur dit :
« Si Dieu exauce mes prières vous serez heureux,
et votre bonheur sera de vous soumettre entièrement à la volonté de Dieu. » Au mois de mars, il
revient à la charge. « Chers parents, ne cessez de
demander à Dieu la soumission à sa volonté en
tout ce qui pourra vous arriver. » En avril, nouvelle dose, mais un peu plus forte que les précé-
dentes. A l'occasion du jubilé de 1851, il leur
exprime sa joie, à la vue des grâces que le Ciel dé-
verse avec tant d'abondance dans le cœur des pieux
enfants de l'Eglise. Puis il ajoute : « Qu'elles sont à
plaindre ces pauvres nations infidèles qui sont as-
sises à l'ombre de la mort ! elles n'auront aucune
part à ces grâces, puisqu'elles ne connaissent pas
Dieu, ni notre sainte religion ; et comment peuvent
elles connaître Dieu et la vraie religion, si on ne
leur envoie pas des missionnaires pour les ins-

truire ? » Enfin, une lettre datée du mois de mai ne devait pas laisser subsister le moindre doute dans l'esprit de la famille Rouger. Il leur envoyait un numéro des *Annales de la Sainte-Enfance*, où l'on racontait que c'était, chaque année, par milliers, que des mères dénaturées abandonnaient leurs petits enfants à la voracité des animaux, pour n'avoir pas à leur donner leurs soins ; et il ajoutait : « Dites-moi maintenant ce que l'on doit penser des parents qui s'opposeraient à ce que leur fils se dévouât au salut de ces pauvres petites créatures ? »

Après cette lettre, M. Rouger, jugeant que ses parents devaient être suffisamment préparés, invite son père et sa mère à venir assister à son ordination du sous-diaconat, leur disant : « J'ai à vous faire part d'une affaire on ne peut plus importante, qui vous touche de près, et qui me touche moi-même de plus près encore ; je ne puis la confier au papier ; et si je ne connaissais votre foi et votre soumission aux ordres de Dieu, je serais dans un cruel embarras. En même temps notre courageux séminariste écrivait à l'ancien curé de Pourrain, le R. P. Boyer, dont le souvenir était resté en vénération dans la famille Rouger, pour le prier de venir assister à son entrevue avec sa famille, et l'aider de sa présence et de l'autorité de sa parole, toujours respectée et vénérée comme celle de Dieu même. Or, les parents de M. Rouger n'ayant pu se rendre à l'ordination, l'entrevue projetée n'eut lieu que quelques jours après. On se rendit dans une pièce isolée du grand séminaire ; et là, en présence

du vénéré M. Boyer, M. Rouger déclara formellement à ses parents qu'il avait l'intention d'entrer
à Saint-Lazare pour être missionnaire.

Le coup fut terrible ; bien qu'ils y fussent préparés, ce pauvre père et cette pauvre mère furent
comme atterrés. La mère Rouger, plus douce, plus
tendre, versa d'abondantes larmes, et son cœur en
fut soulagé ; le père Rouger reçut le coup sans
laisser paraître la moindre émotion : la présence de
M. Boyer lui en imposait, mais tout son intérieur
frémissait. Il reprit en silence le chemin de Pourrain avec une profonde blessure au cœur : blessure
d'autant plus cruelle qu'elle était plus concentrée ;
une sourde indignation grondait au fond de son
cœur ; il eut besoin de toute sa foi pour l'empêcher
de faire explosion.

On s'étonnera peut-être qu'un homme aussi profondément chrétien ressentît une pareille révolte
en présence des ordres de Dieu. Cependant, qui
oserait le condamner ?

Le père Rouger était homme ; c'était un père ; ce
mot seul suffirait à atténuer la gravité de sa résistance. D'ailleurs, le cas n'est pas isolé : quel est le
fils qui n'a pas eu, dans les mêmes circonstances,
à lutter contre une famille entièrement chrétienne ?
Si religieux que soient un père, une mère, on serait injuste d'exiger d'eux qu'ils aient une conception exacte et parfaite de la vocation au sacerdoce.
Le père Rouger avait, sans aucun doute, des inten-
tions droites et pures, en destinant son fils à l'état
ecclésiastique, mais ses vues n'étaient pas entière-

ment désinteressées ; depuis longtemps il s'était familiarisé avec la pensée de voir un jour son cher Adrien curé dans une paroisse du diocèse avec l'espoir d'aller abriter sa vieillesse sous le toit aimé de ce fils qui lui avait coûté si cher. Assurément, c'étaient des espérances bien légitimes, et que Dieu lui-même ne saurait pas condamner. On conçoit dès lors le vif chagrin qu'il dut ressentir à la vue de ses espérances évanouies, et la révolte qu'il éprouva au dedans de lui-même, en présence de la déclaration si formelle qui venait de lui être faite. Aussi, à cette décision si catégorique, il répondit par un refus, non moins catégorique, de donner son consentement au départ de son fils.

Les jours qui vont suivre sont les plus douloureux que la pieuse famille des Montmartins ait jamais eus à passer sur la terre. C'était la lutte, et une lutte ouverte, entre un père et un fils s'aimant tendrement. Toutefois, nous avons hâte de le dire : dans cette lutte il y avait plus de tristesse que d'amertume ; il y avait plus de souffrance que de colère. Dieu, sans doute, en avait décidé ainsi, pour faire éclater la puissance de sa grâce et purifier ses élus par le feu de l'épreuve.

Cependant les vacances arrivaient, il fallait retourner aux Montmartins. Voulant apporter un peu d'adoucissement à la blessure que sa chère famille venait de recevoir au plus profond du cœur, avant de quitter le séminaire, M. Rouger écrivit à ses parents une lettre que nous voulons reproduire en entier : c'est un morceau de véritable éloquence, dans lequel le courageux sous-diacre a fait passer son cœur tout entier. « Chers parents, demain je reprends le chemin de Pourrain, mais avant de reparaître au milieu de vous, je voudrais pouvoir me jeter aux genoux de chacun de vous, et surtout aux genoux de papa, pour vous demander à tous, avec instance, de vouloir bien me pardonner, si j'ai changé en un jour de douleur et de tristesse le jour qui aurait dû être, pour vous et pour moi, le plus beau jour de notre vie. Ah ! je puis vous le dire, il s'en faut du tout au tout que ce jour ait été pour moi un jour de joie et de bonheur, comme j'aurais pu pourtant m'y attendre. Vous n'ignorez pas combien je vous aime, et de quelle reconnaissance mon cœur est pénétré, pour tous les sacrifices que votre dévouement vous a imposés ; vous pouvez juger, d'après cela, pour peu que vous vouliez réfléchir, que ce n'est nullement pour mon plaisir, que j'en suis venu à vous faire la déclaration qui vous a causé tant de chagrin. Et certainement, je ne vous l'aurais point faite, si le bon Dieu ne m'y avait forcé, oui, forcé, dans toute la rigueur du mot. Car, bien chers parents, il n'y a pas seulement quelques semaines, quelques mois que je lui résistais personnellement et que je me disais : non!... Mais, à quoi bon revenir là-dessus ? Dieu le veut ; que sa sainte volonté s'accomplisse en nous tous ! »

M. Rouger pouvait croire qu'à la lecture d'une lettre si touchante, son père allait désarmer, et rompre son silence obstiné, pour donner enfin son consentement ; il n'en fut pas ainsi. La lutte va continuer, mais sur un autre terrain. Jusqu'ici le vaillant séminariste n'a eu à lutter qu'avec son propre cœur, maintenant c'est contre son propre père, contre le bon papa qu'il aime si tendrement. Il va lui disputer sa chère vocation, pièce par pièce, s'il est permis de s'exprimer ainsi, avec un courage et une fermeté de caractère qui tiennent de l'héroïsme ; il l'emportera à la pointe de l'épée : *Veni separare hominem adversus patrem suum.*

Ainsi qu'il l'avait annoncé, le 2 juillet 1851, le nouveau sous-diacre revenait dans sa famille pour y passer ses dernières vacances. Ce premier jour des vacances, qui d'ordinaire apportait tant de joie et de bonheur à la ferme des Montmartins, fut un jour bien triste : le jour où Mgr Rouger revenait, dans son cercueil, recevoir les larmes et les derniers adieux de sa pauvre mère, ne fut pas plus lugubre. Ces dernières vacances ne furent qu'une longue et douloureuse agonie pour la pieuse famille Rouger ; la mère et ses filles pleuraient continuellement ; le père se tenait renfermé dans un silence sombre qui rendait sa douleur effrayante ; les fils souffraient de voir souffrir leur père ; ils l'environnaient de toutes les attentions délicates que peuvent inspirer des cœurs bien nés, espérant par là lui faire oublier le noir chagrin qui le consumait intérieurement. Cependant, que faisait le jeune sous-diacre ? Il priait, il se mortifiait, il agissait ; son courage paraissait grandir avec les difficultés. Dans cette revendication des droits imprescriptibles de Dieu et de la conscience, il se montra héroïque ; il sut

5.

gouverner son cœur avec une énergie de volonté qui ne pouvait venir que de Dieu. Il avait du courage pour tout le monde ; il consolait les uns, encourageait les autres ; il remontait tout autour de lui les cœurs abattus et les volontés défaillantes. Courage ! confiance ! conformité à la volonté de Dieu ! tel était son refrain habituel. Seul, et jeune homme de vingt ans, il sut tenir tête à l'orage et dominer la tempête. Jamais, on peut le dire, vocation ne fut plus vaillamment disputée ni plus chèrement achetée.

Deux mots caractérisent la conduite de notre futur confrère, dans cette lutte contre son vénéré père : force, douceur, *fortiter*, *suaviter*. Fort de son droit, qui est le droit de Dieu, il vise le but avec une inflexibilité de volonté à laquelle aucune force humaine ne parviendra à faire lâcher prise ; mais en même temps, il montre, dans le choix des moyens, une patience, une douceur, une condescendance qui tiennent du prodige.

Il commence par gagner à sa cause sa bonne maman et ses sœurs. Ce premier résultat obtenu, il organise une sainte croisade pour vaincre la résistance de son père : prières, neuvaines, communions, supplications, larmes, marques de dévouement, attentions délicates, aimables prévenances, pieuses industries, tout ce que peuvent offrir de ressources des cœurs tout à Dieu fut mis en œuvre dans l'intérêt de sa cause. Mais tous ces moyens de persuasion vinrent se heurter et se briser contre une volonté de fer. Décidément, dans ce bon paysan il y avait un homme ; sous cette rude écorce du fermier et du laboureur, il y avait un caractère.

C'est alors que M. Rouger, qui ne désespéra jamais ni de Dieu ni des hommes, qui savait espérer contre toute espérance, tenta un effort suprême. Il écrivit à son père une lettre qui est restée et restera dans la famille comme un monument de sa foi et de sa piété filiale.

« Mon bon papa, avant de commencer ce que j'ai à vous dire, je vous demande bien pardon de ne pas l'avoir dit plus tôt ; car, si vous aviez été instruit de tout ce qui s'est passé en moi, je vous aurais épargné bien de la peine et du chagrin. Je devrais aussi vous demander pardon de vous écrire, au lieu de vous parler de vive voix, puisque je suis au milieu de vous ; mais vous allez comprendre qu'il m'eût été difficile de vous dire de vive voix tout ce que j'ai à vous communiquer. Quels que soient les reproches d'ingratitude qui m'ont été adressés depuis mon retour, je puis vous déclarer que je vous aime autant que le meilleur de vos enfants. Le chagrin qui vous accable commence à me gagner moi-même, je ne puis plus en être témoin plus longtemps, sans m'efforcer d'y apporter remède. J'ai cru que le meilleur moyen était de vous découvrir mon cœur.

« Mon cher papa, pendant l'année qui vient de s'écouler, il s'est passé entre Dieu et moi des choses vraiment extraordinaires. Si je parlais à un homme sans foi et sans religion, il me tournerait en ridicule ; mais je sais que c'est à vous, cher papa, que je parle, et je suis sûr d'être compris.

« Depuis que je vous ai quitté, il y a bientôt un an, le bon Dieu n'a pas cessé de me persécuter, si j'ose parler ainsi, il n'a pas cessé de me poursuivre par sa grâce, pour m'amener à consentir à ce qu'il voulait de moi. Le jour et la nuit, pendant l'oraison, à la sainte messe, pendant le travail, les récréations et les promenades, partout et toujours, cette idée me poursuivait, je ne pouvais la chasser de mon esprit. En classe, si je voulais l'éloigner de moi, pour écouter le professeur, je n'y réussissais pas, quelquefois je n'entendais pas ce qu'il disait ; souvent même au lieu de prendre part aux entretiens pendant les récréations, j'en étais à cent lieues ; quelquefois je ne savais plus que devenir, j'étais malheureux. Plus je résistais, plus le combat qui se livrait en moi devenait pénible. Que de fois, mon bon papa, si vous aviez vu le fond de mon cœur, vous m'auriez entendu dire à Dieu : « Mais, mon Dieu, vous voyez bien que je ne puis pas faire ce que vous demandez de moi ; non, je ne puis y consentir. » Je croyais après cela que tout était fini ; je me trompais grandement : j'étais de nouveau poursuivi par les mêmes pensées ; je me sentais pressé et entraîné comme malgré moi; et toujours je donnais les mêmes réponses. Et alors, comme si mon refus eût irrité le bon Dieu contre moi, je me sentais malheureux; j'étais tourmenté de remords. Cependant je ne me tenais pas pour vaincu ; et loin de dire au bon Dieu que je me soumettais à sa volonté, je lui représentais toujours votre position, en y ajoutant d'autres raisonnements : « Mais mon

« Dieu, je n'ai ni la santé ni le talent nécessaires,
« pour faire ce que vous demandez de moi ; et il me
« répondait : Lorsque je fais un commandement, est-
« ce que je ne donne pas les moyens de l'exécuter ?
« D'ailleurs, saches qu'un jour, qui n'est peut-être
« pas éloigné, je te demanderai compte de toutes les
« âmes rachetées au prix de mon sang, que je t'avais
« destiné à conduire au ciel, et qui se perdront par
« suite de ta résistance. » Je vous avoue, cher papa,
que ce langage m'effrayait, et qu'il eût fallu être
bien hardi pour résister plus longtemps. Eh bien !
pourtant je ne me suis pas encore rendu. Je craignais
d'être le jouet d'une illusion. Que faire alors ? J'ai
prié ; à chaque instant je disais à Dieu : « Seigneur,
faites-moi connaître votre volonté ; toutes mes communions étaient faites dans la même intention ; et
alors, dans ces moments solennels, Dieu me pressait
plus fortement encore. Je me suis mortifié ; je me
suis imposé des pénitences que Dieu seul connaît, et
que je ne découvre ici que parce que j'y suis forcé :
pendant des mois entiers, j'ai couché sur la paille ;
pendant longtemps je me suis meurtri le corps à
coups de discipline ; pendant neuf jours je me suis
levé entre minuit et deux heures, les pieds nus, la
corde au cou, les mains liées ; je descendais tous les
escaliers, je me rendais aux pieds de la Madone du
jardin, puis devant le Saint-Sacrement, et je deman-
dais avec instance : « Seigneur, quelle est votre
volonté ? » Je ne m'en suis pas tenu là. Comme je
suis jeune, et que je pouvais m'abuser, faute de
lumières, je me suis adressé à ceux que Dieu nous a

donnés pour nous conduire ; et lorsque j'eus révélé
le fond de mon cœur, ils m'ont répondu que, dans
tout cela, ils ne voyaient rien du démon, ni de mon
propre fonds, mais que c'était le travail de la grâce.

« Maintenant, je vous laisse à juger ce qu'il y avait
à faire. La volonté de Dieu m'était manifestée, je ne
pouvais plus résister ; je devais me rendre. Je l'ai
fait, et depuis, un calme profond s'est rétabli dans
mon cœur ; je n'ai plus été tourmenté.

« Avant de finir, je vous prie d'examiner, devant
Dieu, ce qu'il faudrait penser de ceux qui, sans
connaître mon intérieur, sans avoir mission de me
conduire, condamneraient, devant vous, ce que
d'autres ont approuvé, après avoir longtemps con-
sulté Dieu dans la prière et dans la retraite ? Pour
vous, cher papa, voyez à présent ce que vous avez à
faire, et ayez la bonté de me le dire bientôt. Votre
Adrien qui vous embrasse de tout son cœur. »

Pendant que son père faisait la lecture de cette
lettre, M. Rouger se tenait à l'écart, dans un coin
de la chambre, debout, anxieux, et son cœur battait
bien fort... La lettre lue, M. Rouger s'avance, grave
et respectueux, au-devant de son père pour avoir
une décision ; il voit briller deux larmes aux yeux
de son bon papa, et il remarque un léger frémissement à ses lèvres ; c'est la seule réponse qu'il put
obtenir. C'était l'heure de la grâce ; la grâce triom-
phait enfin de cette robuste et fière nature.

M. Rouger ne perd pas de temps. Le soir, après
souper, pendant que tout le monde était réuni à la
ferme, il prie toute la famille de se rendre dans la

chambre du grand Christ. Ce soir-là, la ferme des Montmartins fut témoin d'une scène d'une éloquence poignante. « Jamais, écrit M. François Rouger, frère aîné de notre confrère, jamais nous ne pourrons oublier la scène à laquelle nous avons assisté le 26 septembre 1851. Ce bon frère se plaça sous le Christ ; il attira mon père auprès de lui, et le reste de la famille, mère, frères et sœurs formèrent un demi-cercle autour d'eux ; nous étions tous inquiets de ce qui allait se passer ; nous nous attendions à quelque chose de grave. Alors mon frère se jette aux pieds de mon père : « Mon bon » papa, lui dit-il, je vous demande pardon de vous » avoir fait tant souffrir, vous qui avez toujours été » si bon pour moi ; mais Dieu le veut, mon cher » papa, au nom de ma bonne maman, de mes frères » et de mes sœurs ; au nom du bon Jésus, qui nous » voit, qui nous entend, et qui va être témoin de la » sentence que vous allez prononcer, laissez-moi » allez où Dieu m'appelle. » Tous, instinctivement, nous étions tombés à genoux autour de notre père, en proie à une émotion qui nous suffoquait, joignant nos supplications à celles de notre bon frère. Alors, notre père, agité par un tremblement qu'il ne pouvait maîtriser, les yeux noyés dans ses larmes, se penche vers mon frère, le relève respectueusement ; puis, le pressant sur son cœur, il lui dit, d'une voix étouffée par l'émotion : « Va, mon bon Adrien, va » où Dieu t'appelle et qu'il t'accompagne toujours ! » A ce moment, toute la chambre éclata en sanglots ; nous étions comme fixés à terre, nous ne pouvions

plus nous relever. Mon père n'eut pas plus tôt donné
son consentement, que notre bon frère se jette de
nouveau à ses pieds, pour le remercier et lui demander sa bénédiction. Puis, lorsqu'il eut reçu la bénédiction de mon père, il s'adresse à ma mère et lui
dit : « Ma bonne maman, approchez, votre Adrien
» ne se relèvera pas que vous ne l'ayez béni aussi. »
Cette bonne mère s'approcha, toute tremblante ;
elle le bénit, et de grosses larmes tombaient sur la
tête de son fils. Le lendemain de cette scène, qui
avait mis toute la maison en émoi, le vaillant sous-
diacre partait pour Saint-Lazare ; c'était le 27 septembre. »

M. Rouger, en environnant d'une telle solennité
l'acte d'adhésion de son père, avait-il obéi à quelque
secret pressentiment ! On serait porté à le croire.
Toujours est-il qu'un an après le départ de son fils,
presque jour pour jour, le père Rouger, revenant sur
sa parole, retirait son consentement ; car il était dit
que la vocation de notre cher confrère devait passer
par tous les genres d'épreuves que l'ennemi de tout
bien puisse inventer.

En effet, après être resté quelque temps au séminaire interne, M. Rouger avait été envoyé au grand
séminaire de Saint-Flour. A cette nouvelle, le père
Rouger, trompé par l'esprit de mensonge, s'imagina,
ou bien que son fils avait usé de ruse envers lui
pour lui extorquer son consentement, ou bien qu'il
avait changé de résolution et renoncé aux missions
de la Chine. D'un autre côté, de faux amis, des
voisins malveillants, jaloux de l'élévation de ce fils

de paysan, allaient journellement aigrir le cœur
de ce pauvre père : « Vous voilà bien avancé, di-
saient-ils, il vous a planté là; c'était bien la peine
de faire tant de dépenses pour un ingrat? » Il n'en
fallait pas tant pour rouvrir une cruelle blessure à
peine fermée.

Le père Rouger donna dans le piège. Dans un
moment d'indignation, il écrit à son fils pour lui
enjoindre, au nom de l'autorité paternelle mécon-
nue et méprisée, d'avoir à rentrer aux Montmartins,
pour se mettre à la disposition de Mgr de Sens et
prendre du service dans le diocèse.

C'est donc une nouvelle lutte qui commence;
mais, grâce à Dieu, elle durera peu et ne servira qu'à
faire éclater une fois de plus la méchanceté jalouse
du démon, et la vertu de notre saint confrère.

Une correspondance très vive s'engage entre
M. Rouger et son père. D'un côté, le père fait valoir
ses droits de père, avec une vivacité de langage qui
atteint parfois les premières limites de l'injure;
d'un autre côté, le fils rempli d'une respectueuse
compassion pour ce bon père, dont la bonne foi a
été surprise et qu'on a indignement trompé, accepte
les reproches avec la plus touchante humilité; puis,
il réfute l'une après l'autre, et l'Évangile en main,
toutes les raisons de son père avec le même calme,
la même condescendance que s'il eût expliqué le
catéchisme à un enfant. Cet échange de lettres
entre le père et le fils dura un an.

Enfin, l'année scolaire terminée, M. Rouger est
rappelé à Paris pour une nouvelle destination, et,

par ordre de M. Etienne, supérieur général, il va
passer un jour dans sa famille. Le père Rouger se
réconcilie avec son fils et lui donne de nouveau son
consentement; il voulut même le conduire jusqu'à
Auxerre, où il ne se sépara de lui qu'après lui avoir
donné les marques de la plus tendre affection. La
paix est faite, et cette fois c'est pour toujours. Et,
lorsque le saint missionnaire sera sur le point de
s'embarquer pour la Chine, son bon papa fera
exprès le voyage de Pourrain à Paris pour l'embrasser encore une fois et lui donner une dernière
bénédiction, avant de le confier à la garde de celle
qui est l'Étoile de la mer et la Reine de l'océan.

VI

1851-1852

M. ROUGER AU SÉMINAIRE INTERNE

Départ pour Paris et arrivée à Saint-Lazare. — Amour pour
sa vocation. — Attention à marcher sur les traces de saint
Vincent. — Simplicité, prudence, esprit de foi, humilité. —
Amour des saintes règles. — Confiance dans la divine Providence. — Saintes dispositions au diaconat et au sacerdoce.

Lorsque, dans une famille, Dieu a sa place au
foyer domestique, quelle tendre affection réunit
tous les cœurs en un même cœur ! Tel est le touchant

spectacle que nous donne la pieuse et chrétienne famille Rouger. A la ferme des Montmartins, Dieu est le lien de tous les cœurs. Aussi, le départ du futur missionnaire va donner lieu à une de ces manifestations d'affection chrétienne dont notre sainte religion possède seule le secret. La famille Rouger comprenait toute l'étendue du sacrifice que Dieu lui imposait ; elle l'acceptait avec une humble soumission aux ordres de Dieu, mais son cœur souffrait.

Le lendemain de la scene si émouvante que nous avons décrite plus haut, et qui eut lieu sous le grand Christ de la maison, M. Rouger, parvenu enfin au comble de ses vœux et de son bonheur, prenait congé de sa famille. C'était le 27 septembre, jour anniversaire de la mort de saint Vincent. Il était six heures et demie du matin, toute sa famille était réunie aux pieds de Marie Immaculée : c'est sous les yeux de celle que la famille Rouger appelait la *bonne Mère* qu'eut lieu la séparation et que se firent les derniers adieux. L'émotion était grande et il y eut bien des larmes versées, mais la force d'âme du courageux jeune homme se révéla dans toute sa mâle énergie. Au milieu de ces sanglots qui pénétraient dans son âme comme la pointe d'un glaive, sous ces larmes brûlantes dont ses bons parents inondaient son visage, il n'eut pas un instant de faiblesse ; il sut dominer son cœur et rester maître de lui-même. En s'arrachant aux embrassements de sa famille, il s'écria : « Le rendez-vous aux pieds de Marie Immaculée ! » Ce furent ses dernières paroles.

« C'est moi, nous écrit le frère aîné de M. Rouger, qui conduisis ce bon frère jusqu'à Auxerre. Mon père et ma mère voulurent monter dans la voiture et nous accompagner jusqu'au milieu du bois. Après un certain parcours, ma mère s'étant aperçue que mes sœurs suivaient de loin, dit à mon frère : « Adrien, retourne-toi et salue une dernière fois tes sœurs avant que la voiture disparaisse derrière la côte. » Ce bon frère se retourna aussitôt et fit un grand salut auquel nos sœurs répondirent en portant le mouchoir à leurs yeux.

« Arrivés au milieu du bois, mon frère saute lestement de la voiture ; mon père et ma mère descendent péniblement après lui, il les pressa l'un après l'autre et longtemps sur son cœur, et tous trois pleuraient. Nos bons parents restèrent là, debout, tant qu'ils purent apercevoir la voiture qui s'éloignait. Au moment où elle allait disparaître dans la vallée, mon frère les salua une dernière fois : tout était fini le sacrifice était consommé. »

Le même jour, dans la soirée, le pieux voyageur arrivait au grand séminaire de Sens, où il passa la journée du 28, au milieu de ses chers directeurs ; et, le 29, il prenait le chemin de fer pour Paris, en compagnie de M. Mourrut, son directeur.

C'était la fête de l'archange saint Michel. Ceux qui ont connu l'âme ardente du vaillant missionnaire ne seront point étonnés qu'il ait voulu placer son entrée dans notre compagnie sous le patronage de saint Michel Archange. En devenant missionnaire, M. Rouger était bien résolu à faire une guerre acharnée au diable et à tous les mauvais anges ; il ne pouvait manquer de placer cette résolution sous la protection de celui qui a pour mission de terrasser Lucifer.

On conçoit mieux qu'on ne saurait l'exprimer ce qui se passa dans cette âme, si accessible aux saintes émotions, au moment où il franchissait pour la première fois le seuil de la maison de saint Lazare. Sa première visite fut pour saint Vincent. En arrivant à la chapelle, il se prosterna dans un élan de tout son être et baisa avec effusion le pavé du sanctuaire, répétant avec le prophète royal cette parole qui résumait pour lui le passé, le présent et l'avenir : *Hæc requies mea in sæculum sæculi,* c'est ici le lieu de mon repos pour toujours. Il demeura un instant recueilli aux pieds de saint Vincent ; mais, dans l'extase de son bonheur, son cœur comme ses lèvres ne trouvaient qu'un mot à dire : *Deo gratias et semper Deo gratias !*

Le 30 septembre fut un jour de retraite pour le jeune postulant ; et le 1er octobre il était reçu au séminaire interne par M. Pierre Martin, qui en était alors directeur. Dès son arrivée, M. Rouger parut aussi pénétré de l'esprit de notre saint état que s'il eût été ancien dans la compagnie. On ne voyait rien à reprendre en lui, rien à réformer ; il n'y avait qu'à admirer et à s'édifier. Les exercices du séminaire lui paraissaient aussi familiers que s'il les eût pratiqués toute sa vie ; on voyait que l'esprit de saint Vincent avait reposé sur lui. C'est qu'en effet, bien avant d'être admis dans la Congrégation de la

Mission, M. Rouger était déjà enfant de saint Vincent par le cœur.

Ces précoces vertus, dont M. Rouger donnait l'exemple à ses nouveaux condisciples, avaient leurs racines dans un ardent amour pour sa vocation. Cet amour était comme un feu intérieur qui le consumait : tout ce qu'il voyait, tout ce qu'il entendait, lectures, conférences, conversations, devenait un aliment qui entretenait, nourrissait et avivait cette divine flamme dans son cœur. L'amour de la vocation faisait le tourment de sa vie, il éprouvait un besoin irrésistible de faire passer dans ceux qui l'entouraient les saintes ardeurs dont son âme était embrasée.

Nous avons encore présente à la mémoire une petite conférence du samedi à la salle du séminaire, où M. Rouger eut à parler sur ce sujet si important; il le fit avec une telle chaleur de sentiments et un ton de conviction si profonde, que nous sortîmes de la salle tous fortement impressionnés. « Oh ! qu'ils sont beaux, disait-il, qu'ils sont beaux sur les montagnes les pieds de ceux qui vont prêcher la bonne nouvelle de l'Evangile, annoncer la paix, annoncer le bonheur! Heureux, mille fois heureux, le prêtre que le Ciel destine à de si nobles travaux! Heureux, mille fois heureux, le missionnaire qui quitte tout, patrie, famille, pour aller porter aux nations infidèles la bonne nouvelle du salut! Que ma langue s'attache à mon palais, que ma main droite se dessèche, que je m'oublie moi-même, si jamais je t'oublie, ô vocation sainte ! ô sublime vocation ! »

Trois mois après son entrée au séminaire interne, le 31 décembre, il souhaitait la bonne année à ses parents. Quels élans d'amour pour sa chère vocation ! quels traits de feu s'échappent de son cœur ! « Oh ! bien chers parents, quelle année précieuse que celle que nous terminons aujourd'hui ! quelle année de grâces et de bénédictions ! oui, tant que nous vivrons, nous nous rappellerons cette année, que je ne puis qualifier autrement que de *grande* *année*. Oui, grande année pour moi, puisque c'est dans le cours de cette année que Dieu m'a choisi de préférence à tant d'autres pour me recevoir au nombre de ses ministres ! c'est dans cette année que Dieu a bien voulu devenir mon unique partage pour le temps et pour l'éternité, mais surtout grande année, à cause de la vocation particulière et inestimable à laquelle j'ai été appelé. Ici, chers parents, je ne sais comment faire pour parler d'un tel bienfait. Moi, votre fils et votre frère ; moi, pauvre Adrien, j'ai attiré l'attention de Dieu sur moi ! Ses regards de bienveillance se sont fixés sur ma misère ! il n'a pas dédaigné ma bassesse, il m'a pris dans la poussière ! Ah ! tant que je vivrai, je chanterai les miséricordes du Seigneur ». En vérité, de tels sentiments semblent être sortis du cœur de saint Vincent.

En lisant ces lignes brûlantes, échappées de son cœur dans un de ces épanchements pleins d'abandon, où il aimait à faire part à sa famille des grâces qu'il recevait de Dieu, ceux qui n'ont point connu M. Rouger et ne l'ont point vu à l'œuvre, s'attendent

peut-être à trouver en lui une de ces vertus bruyan-
tes, éclatantes, qui frappent l'attention, qui éblouis-
sent, qui emportent d'assaut l'admiration. M. Rouger
était animé d'un tout autre esprit. Entré au séminaire interne avec une nature domptée et déjà fa-
çonnée à l'esprit de la petite compagnie, plein de
l'esprit de saint Vincent qu'il avait appris à connaître et à aimer au grand séminaire de Sens, il
savait que notre saint fondateur n'aimait pas « ce
bruit de fanfare » dans la pratique de la vertu ; or,
il voulait avant tout être un digne enfant de ce bienheureux Père, il voulait marcher sur ses traces,
reproduire son image ; il voulait être saint et aimer
la vertu, à la manière de saint Vincent, c'est-à-dire
tout bonnement et simplement. Tout ce qu'il voit
dans saint Vincent lui plaît·et lui va au cœur ; c'est
donc dans cette voie de la simplicité et le regard fixé
sur son bienheureux Père, son modèle de prédilection, qu'il veut aller à Dieu et à la perfection. Dès
son entrée au séminaire interne, il s'applique à
suivre ce petit train de vie de séminariste, qui est
comme l'enfance de la perfection : il se met dans le
rang et emboîte le pas de ses nouveaux condisciples
de la façon la plus naturelle du monde. Il fait son
chemin sans bruit, sans éclat, sans ostentation, ne
voyant que Dieu, ne pensant qu'à Dieu, ne cher-
chant que Dieu et sa propre sanctification. Il met
toute son attention à passer inaperçu et à être ignoré
de tout le monde ; il s'efface complètement et dispa-
raît dans le nombre ; ce qui le distingue à l'extérieur,
c'est qu'il ne se distingue en rien des autres.

M. Rouger faisait bien tout ce qu'il faisait, parce que tout ce qu'il faisait, il le faisait pour Dieu. Nous l'avons vu monter de l'eau, arroser, balayer et accomplir tous ces petits offices, qui ont pour but l'entretien de la propreté au séminaire. Il s'en acquittait avec une attention, une grâce, qui nous charmaient et nous donnaient envie de l'imiter. Sa présence au milieu de nous était comme une révélation de ce que doit être un vrai séminariste de la Mission. Quand il était nommé pour remplir un des offices du séminaire, on pouvait être sûr d'avance que rien n'y manquerait ; on se plaisait surtout à lui rendre ce témoignage, que le séminaire n'était jamais mieux balayé que lorsque M. Rouger était désigné pour cette opération.

Il ne montrait pas moins de simplicité dans ses paroles ; elles étaient toujours l'expression exacte de sa pensée. Toutefois chez lui la simplicité n'excluait pas la prudence, ces deux vertus au contraire se donnaient la main et se prêtaient un mutuel appui. Il était d'une réserve extrême dans la conversation. Toujours maître de sa parole, il ne disait que ce qu'il voulait; il savait qu'il y avait un temps de parler et un temps de se taire, et personne ne saisissait mieux que lui le moment précis où finit le temps de parler et où commence le temps de se taire. Il eut fallu être bien habile pour lui ravir un secret ou lui faire dire ce qu'il ne devait pas dire. On le voit, la grâce avait fait du chemin dans le cœur du jeune sous-diacre de la Mission ; il pouvait bien dire avec l'apôtre saint Paul : « La grâce n'a pas été stérile en

6

moi, *et gratia ejus in me vacua non fuit* », puisque celui que les habitants de Pourrain appelaient « le petit étourdi » montrait déjà, à l'âge de vingt ans, une prudence consommée.

Toutes les vertus se tiennent, il y a entre elles des affinités, des liens de parenté, des forces attractives qui les rapprochent, qui les unissent; de leur merveilleux enchaînement résulte ce tout complet, ce tissu d'une beauté incomparable, qui est la parure des saints et s'appelle la perfection. Or la foi est la compagne inséparable de la simplicité; la simplicité attire la foi, comme l'aimant attire le fer. « Sur les ailes de la simplicité, dit l'auteur de l'*Imitation*, l'homme s'élève à la contemplation des choses célestes. » Dieu lui-même se sent attiré vers les âmes simples; à ces âmes au regard pur il aime à se révéler, à se communiquer : *Cum simplicibus sermocinatio ejus.*

Dans la vie de M. Rouger, au séminaire interne, la foi joue le principal rôle; mais sa foi n'est pas cette foi vague, égarée, endormie, dont le réveil ne se produit qu'à de rares intervalles; c'est une foi pratique, une foi toujours présente, toujours en éveil, une foi qui accompagne tous ses actes intérieurs et extérieurs et leur imprime une couleur surnaturelle, un cachet divin. M. Rouger était un homme toujours conduit par l'esprit de Dieu; l'esprit de foi s'était en quelque sorte substitué à son propre esprit; il lui donnait une clairvoyance admirable qui lui montrait ses devoirs jusque dans leurs plus menus détails. Semblable à ces verres grossissants qui nous révèlent dans la nature des beautés, des mystères, des trésors cachés invisibles à l'œil nu, l'esprit de foi, chez M. Rouger, grandissait tous ses devoirs et leur donnait des proportions surnaturelles et divines. Tout ce qu'il voyait lui parlait de Dieu. Il avait un talent particulier pour s'élever de la considération des choses sensibles à la contemplation des choses invisibles; il saisissait, avec une merveilleuse justesse d'observation, le rapport entre la nature et la grâce, le point de contact entre le monde naturel et le monde surnaturel. Aussi quel respect filial il professait pour nos vénérés supérieurs! Toute parole émanant de l'autorité était pour lui parole de Dieu; il ne prononçait jamais le nom de M. le Supérieur général sans se découvrir respectueusement. Lorsque M. le Directeur avait fait quelque recommandation, donné quelques avis au séminaire, c'était comme si Dieu lui-même eût parlé. Si quelque jeune confrère, moins rompu à cette vie d'abnégation qui est le nerf de la vie religieuse, se permettait une observation sur certaines pratiques dont l'opportunité paraissait douteuse, M. Rouger lui répondait d'un ton pénétré : « C'est M. le Directeur qui l'a recommandé ». Ce mot mettait fin à la controverse.

La foi ne va jamais sans l'humilité. En même temps qu'elle nous révèle la grandeur, la sainteté et les infinies perfections de Dieu, elle nous fait comprendre notre bassesse et nous fait descendre jusque dans les profondeurs de notre néant; et l'humilité est toujours en raison directe de la vivacité de la foi. Chez M. Rouger, l'humilité était aussi profonde que sa foi était vive. Nous avons vu qu'au grand séminaire de Sens il montrait déjà un attrait bien prononcé pour cette vertu ; au séminaire interne, ce n'est plus un simple attrait qu'il ressent pour l'humilité, c'est une passion ; il se montre avide d'humiliations.

La vraie vertu est celle qui s'ignore elle-même : tel est le trait distinctif de notre nouveau confrère au séminaire interne. Le dernier en vocation, il se regarde également comme le dernier pour la sainteté et la vertu. Il est ingénieux à découvrir du bien dans les autres, des talents, des qualités, des mérites ; mais, il ne voit rien de bon en lui. Il ne croit ni à ses talents, ni à ses qualités. La basse opinion qu'il avait de ses mérites le tenait dans une défiance de lui-même qui allait quelquefois jusqu'à la timidité. Dans les petites discussions que nous avions entre nous, en récréation, c'est à peine s'il osait émettre son sentiment. Il ne parlait jamais de lui-même, ou, si la nécessité l'y obligeait, il le faisait d'un ton et avec un air qui faisaient assez voir qu'il se regardait comme un homme insignifiant, comme « quelqu'un qui ne compte pas ». Il aurait pu, ce semble, raconter, sans blesser sa conscience, les luttes héroïques qu'il eut à soutenir pour suivre sa vocation. Ses condisciples en eussent été édifiés, et son exemple aurait pu donner du courage à ceux d'entre nous qui avaient encore à lutter avec le souvenir du pays natal, et dont le cœur n'était pas encore dégagé entièrement de toute attache à la famille. Il aima mieux garder le silence et rester ignoré de tous. Ses plus intimes amis eux-mêmes n'ont jamais su le premier mot des difficultés qu'il surmonta pour entrer dans la petite compagnie, et, sans une pieuse indiscrétion de sa famille, son secret serait descendu avec lui dans la tombe.

L'humilité le portait encore à se considérer comme le serviteur de tous ses confrères ; il se plaisait à leur rendre les services les plus humbles et les plus bas, il ne paraissait jamais plus heureux que lorsqu'il était désigné pour les derniers offices du séminaire, pour certains offices où il n'y avait qu'à se dévouer et à se mortifier ; « il trouvait ce genre de travail tout naturel, n'ayant fait que cela pendant toute sa jeunesse chez ses parents ». A cette époque, il y avait au séminaire interne de Saint-Lazare plusieurs prêtres autrichiens, hommes aussi recommandables par le talent que par la vertu, qui avaient abandonné des postes lucratifs et très honorables pour se donner à la Congrégation. L'un d'eux était même docteur en théologie et avait exercé dans son diocèse les fonctions de vicaire général.

Or, c'étaient les prêtres séminaristes qui étaient chargés de monter l'eau au séminaire. Pensant, et avec raison, que cet exercice pouvait être pénible pour ces prêtres respectables, dont quelques-uns étaient déjà assez avancés en âge, M. Rouger les exemptait de cette rude corvée ; il profitait pour cela d'un moment où il était sûr de n'être pas vu ; et, lorsque ces bons prêtres s'apprêtaient à remplir leur office, ils étaient tout étonnés de trouver les arrosoirs pleins d'eau. Ils ne comprenaient pas « comment cela avait pu se faire ». « Vous voulez savoir qui a fait cela? leur dit un jour un jeune confrère du séminaire, allez le demander à M. Rouger; que voulez-vous? c'est sa manière à lui de faire des niches à ses confrères; il n'en fait jamais d'autres. »

L'obéissance est fille de l'humilité. L'homme vraiment humble obéit en toute chose et à toute créature, il reçoit volontiers de tout le monde avis, conseils, observations et jusqu'aux réprimandes; il accepte tout comme venant de la main de Dieu. A ces traits, bon nombre de nos missionnaires reconnaîtront M. Rouger, leur condisciple du séminaire interne.

Cette volonté que nous avons vue, dans le jeune âge, si entière et d'un caractère si absolu, si dominateur, il lui avait donné une flexibilité qui paraissait être un don de nature. Il se pliait sans peine et sans efforts à tous ces menus détails d'une règle qui ne laisse rien à l'arbitraire et embrasse l'homme tout entier, dans tous ses actes intérieurs et extérieurs. Il se prêtait, avec une souplesse de condescendance, qui semblait exclure toute idée de contrainte, à toutes les exigences de la vie commune, et, au milieu de ces mille petites observances, si gênantes pour certaines natures, on le voyait aller, venir, se mouvoir avec une aisance et une facilité d'allures qui annonçaient clairement qu'au séminaire interne il se trouvait dans son élément comme le poisson dans l'eau.

Nous ne parlons pas ici de son obéissance aux supérieurs. Saint Vincent ne vit jamais dans sa compagnie de fils plus entièrement soumis à l'autorité;

mais ce qu'il y avait de vraiment exemplaire dans notre vertueux confrère; ce qui nous paraît digne d'être mis sous les yeux de tous les missionnaires qui aiment à être édifiés, c'est la facilité avec laquelle il savait incliner son jugement, sa volonté, son esprit propre en présence de personnes qui n'avaient ni qualité ni grâce pour lui commander.

Qu'il était édifiant de le voir, le jour de sa vocation, son calepin et son crayon à la main, aller de place en place, s'agenouiller aux pieds de ses confrères, les priant humblement de lui dire les fautes, les défauts et les manquements qu'ils avaient remarqués en lui ! avec quelle sérieuse attention il notait les observations qu'on lui faisait ! avec quelle bonne grâce, avec quelle satisfaction reconnaissante il recevait tous ces petits avis !

Quelques-uns parfois, sans doute dans le dessein d'éprouver sa vertu, croyaient devoir accompagner leurs remarques de quelques petites gouttes d'amertume ; notre bon confrère le prenait toujours bien : « Il leur demandait pardon de les avoir mal édifiés et leur promettait de leur donner satisfaction. » Cette obéissance, pleine d'humilité et de candeur, vit tomber plus d'un préjugé. Puis, sa tournée terminée, il revenait à sa place, et s'agenouillait devant son bureau pour transcrire toutes les remarques qu'on lui avait faites.

Mais comment retracer ici son respect, son amour pour nos saintes règles ? La règle n'était pas seulement écrite dans son cahier du séminaire, elle était encore écrite dans son esprit et dans son cœur :

écrite dans son esprit, elle était toujours présente
à sa pensée ; écrite dans son cœur, il l'aimait, la
chérissait, comme la volonté de Dieu. M. Rouger
était, selon toute la rigueur du mot, un homme de
communauté ; il en avait l'esprit, le langage, les
manières ; en le voyant, chacun pouvait dire :
Voilà un homme de règle.

Le signe certain, nous pourrions dire le critérium
infaillible d'une vraie vocation à la vie religieuse,
c'est de posséder l'esprit de la communauté à laquelle on appartient ; cet esprit fait que plusieurs
centaines de personnes vivant sous une même
règle, marchent comme un seul homme, et ne
forment qu'une seule et même personne morale,
de sorte qu'en en voyant une seule, vous voyez la
communauté tout entière. Or, l'esprit de notre
compagnie consiste dans une estime marquée, dans
une réelle affection pour tous ces pieux usages,
pour toutes ces saintes pratiques qui sont de tradition chez nous depuis l'origine de la congrégation
et qui règlent l'ordinaire de la vie du missionnaire.
Ces pieux usages, ces saintes pratiques, pris dans
leur ensemble, constituent le patrimoine que nous
ont légué nos pères ; ils sont les canaux par lesquels
Dieu nous communique la grâce de la vocation.
Notre jeune confrère l'eut bien vite compris. Arrivé au séminaire interne, la règle devint la vie de
son esprit et de son cœur, l'âme de toute sa conduite. Laissons parler son plus proche voisin au
séminaire interne.

« Je dois dire d'abord que, pendant les six mois

que je suis resté à côté de lui, je ne l'ai jamais vu
intervertir l'ordre des lectures ou des occupations ;
il accomplissait toute chose au temps marqué par la
règle. Lorsque la cloche sonnait pour annoncer un
changement d'exercice, « c'était la voix de Dieu qui
» lui parlait » et son cœur répondait : « *Ecce ego*
» *quia vocasti me;* Seigneur, vous m'avez appelé,
» me voici. » Toutes les fois qu'il quittait sa place
pour se rendre à un exercice commun, ou qu'il y
revenait après l'exercice terminé, il s'agenouillait
au pied de son crucifix et demeurait un bon moment
en prière. Ce qui m'édifiait surtout, c'était sa manière de faire la génuflexion ; il eût été devant le
saint sacrement exposé qu'il ne l'eût point faite, ce
semble, avec un plus religieux respect ; et, tandis
qu'il fléchissait le genou, l'expression de sa physionomie, le regard d'amour qu'il dirigeait vers son
crucifix, attestaient hautement que l'adoration était
dans son cœur. J'éprouvais aussi une joie véritable
à lui voir faire son grand signe de croix. Il occupait
la deuxième place à droite, en entrant ; or, soit
qu'il sortît du séminaire, soit qu'il y rentrât, il ne
manquait jamais de prendre de l'eau bénite et de
se signer ; il commençait son signe de croix en entrant, il le continuait en marchant et l'achevait en
arrivant devant son bureau ; ce qui me donnait à
penser qu'à chaque mouvement de son bras corres-
pondait une prière à chacune des trois personnes
divines de la Sainte-Trinité. Je n'étais pas moins
édifié en récréation, où j'avais souvent l'avantage
de me trouver avec lui : lorsque l'horloge sonnait,

il s'interrompait au milieu d'un mot pour se découvrir et faire un acte d'adoration. Enfin, je puis affirmer que je n'ai jamais vu M. Rouger manquer volontairement au plus petit point de nos saintes règles. »

M. Rouger aimait la sainte pauvreté; pauvre par condition, il l'était aussi par affection. Il avait appris à aimer cette vertu à l'école du divin Maître : « Quand il considérait Notre-Seigneur pauvre, gagnant son pain à la sueur de son front, travaillant du matin au soir, avec les habits grossiers d'un charpentier, ses yeux se remplissaient de larmes d'attendrissement ; il trouvait la pauvreté belle d'une beauté incomparable. » Son langage était celui d'un homme qui regarde la pauvreté comme une vraie richesse ; lorsque dans les conférences ou les répétitions d'oraison, il avait l'occasion de citer la première des béatitudes : Bienheureux les pauvres, *beati pauperes*, on comprenait, à l'accent de sa voix, que cette béatitude était gravée profondément dans son âme et qu'il la portait dans son cœur comme un trésor d'un grand prix. Dans le cours de sa conversation, il bannissait de son discours toute forme de langage qui eût impliqué l'idée de propriété ou de propriétaire ; il ne disait jamais : *ma chambre*, *mon bréviaire*, mais, pieusement attentif à imiter son bienheureux père saint Vincent, jusque dans sa manière de parler, il employait ces mots : *notre chambre*, *notre bréviaire*, et autres expressions semblables qui indiquaient simplement l'usage plutôt que la propriété. Nous nous rappelons encore certaines maximes, qui lui étaient familières et qu'il citait avec autant de tact que d'à-propos : « Il faut savoir se contenter de peu; — Notre-Seigneur n'en avait pas autant; — Avec la pauvreté on achète le ciel; — Il ne faut rien laisser perdre du bien que le bon Dieu nous a donné. » Et chez lui la pratique était eu parfaite harmonie avec la théorie. Pendant les derniers mois de son séminaire, M. le Directeur l'avait donné pour ange à un jeune postulant nouvellement arrivé. Lorsque son jeune protégé fut admis au séminaire, il ne l'oublia pas; il le voyait aussi souvent que possible, et avait avec lui de fréquents entretiens où il lui inculquait, l'une après l'autre, jusqu'aux moindres pratiques du séminaire interne et lui faisait remarquer ses manquements. Or, s'étant aperçu un jour que ce jeune séminariste ne ramassait pas avec assez de soin les miettes après le repas, il va le trouver et lui dit : « Mon cher ami, il ne faut rien laisser perdre du bien que le bon Dien nous a donné; vous savez ce que dit Notre-Seigneur dans l'Évangile : *Colligite fragmenta ne pereant.* »

La confiance en Dieu est la vertu des hommes de foi, ils voient la main de Dieu en tout; c'est sa toute-puissance et sa miséricordieuse bonté qui président à tous les événements d'ici-bas; il dirige tout et gouverne tout en vue de sa plus grande gloire et pour le plus grand bien des âmes. Solidement établis sur le roc immuable de la foi, c'est en Dieu qu'ils placent toute leur espérance: ils vivent sans inquiétude du lendemain, et attendent tout de Dieu.

Animé de si pieuses dispositions, notre jeune confrère se préparait généreusement à sa vie d'apôtre. Pénétré de l'esprit de saint Vincent, il s'était initié, par ses pieuses lectures, à tous les secrets de ce cœur si merveilleusement doué pour le bien. Il avait étudié, l'un après l'autre, tous les ressorts de cette grande vie, si féconde en toutes sortes de bonnes œuvres. Appréciant le rôle immense qu'avait joué dans cette existence si vraiment providentielle la confiance en Dieu, M. Rouger, en digne fils de son bienheureux Père, ne comptait que sur Dieu et attendait tout de Dieu. — Dans sa correspondance avec sa famille, il révèle sa pleine confiance en Dieu. Ses bons parents se trouvaient dans une situation de fortune très gênée par suite des lourds sacrifices qu'ils avaient dû s'imposer pour son éducation. Or, pour les prémunir contre la tentation de découragement, dès les premiers jours de son arrivée à notre maison-mère, il leur écrivit ces lignes : « Courage et confiance, bien chers parents, et vous verrez que tout ira bien ; votre expérience vous a déjà appris que lorsqu'on sert bien le bon Dieu, on est toujours heureux. Le bon Dieu peut-il délaisser ceux qui le servent avec fidélité et dévouement ? Lui qui nourrit les petits oiseaux du ciel et qui orne d'une si riche parure la fleur des champs, pourrait-il oublier ses créatures privilégiées ? et ne dit-il pas dans l'Évangile : Ne vous inquiétez pas du lendemain, ne dites jamais : Que mangerons-nous, que boirons-nous, et de quoi nous vêtirons-nous ? Car le Père céleste sait que vous avez besoin de ces choses et il y pourvoira : cherchez avant tout le royaume de Dieu et sa justice, il vous accordera le reste par surcroît. »

Persuadé que rien n'est impossible à Dieu, il avait une confiance sans borne dans la prière ; il attendait tout de la prière, même des miracles ; il n'est pas sûr qu'il n'en ait pas obtenu. Une de ses sœurs était comme paralysée d'une jambe, condamnée à garder le lit ; si elle se levait un instant dans la journée, c'est à peine si elle pouvait faire quelques pas dans la chambre en s'appuyant sur deux béquilles. Elle demeura une vingtaine d'années dans cette infirmité. Or, le jour de Pâques 1852, voici ce que lui écrivait son frère pour l'encourager : « Eh bien ! ma pauvre Madeleine, tu es donc toujours dans ton lit ; tandis que tes frères et sœurs chantent *alleluia* à l'église, toi, tu gémis et tu souffres. Et cependant, il faut que je te le dise, je me réjouis en apprenant que ta jambe va plus mal que jamais, depuis dix-huit ans qu'elle te fait souffrir ; oui, je me réjouis sincèrement de ta position, jamais je n'ai cru plus fermement qu'aujourd'hui que Dieu veut te guérir ; seulement il veut une dernière fois mettre ta confiance à l'épreuve ; donc, ma bonne Madeleine, confiance, car Dieu n'a doublé ton mal que pour faire mieux éclater sa bonté à ton égard. »

La confiance du pieux séminariste ne fut point trompée ; après plusieurs neuvaines où le frère et la sœur faisaient assaut de ferveur et de confiance pour toucher le cœur de saint Vincent, la pauvre infirme obtint enfin sa guérison. Sa pensée était de se consacrer à Dieu, dans la communauté des filles de la Charité ; mais Dieu dont les desseins sont impénétrables, avait d'autres vues sur elle ; il la destinait à veiller sur la vieillesse de sa respectable mère, dont elle est le soutien et l'ange consolateur.

Du reste, M. Rouger avait une bonne raison d'engager sa pieuse sœur à mettre toute sa confiance en saint Vincent ; car, l'année précédente, il avait été lui-même l'objet d'une faveur toute particulière de la part de ce grand bienfaiteur de l'humanité souffrante. Voici comment il s'en explique pour déterminer la pauvre malade à prier saint Vincent. « Le deuxième dimanche après Pâques, nous célébrerons à Saint-Lazare la fête de la Translation des reliques de saint Vincent ; si tu veux faire une neuvaine pendant l'octave, tu la commenceras le jour même de la fête, je m'unirai à toi de tout cœur. Je suis persuadé que c'est saint Vincent qui m'a obtenu la guérison de ma tête. Je souffrais, comme tu le sais, horriblement de la migraine. Craignant que cette souffrance ne mît obstacle à ma chère vocation, l'année dernière, pendant la fête de la Translation, je fis une neuvaine à saint Vincent. Or, un jour de la semaine, au salut du très saint Sacrement, pendant qu'on chantait cette strophe de la prose de saint Vincent : *Occurre nunc Vincentio, qui sorte langues miserâ, quot nostra fert conditio, tot amans curat vulnera*, j'ai éprouvé un frémissement extraordinaire, comme si tous mes cheveux s'étaient dressés sur ma tête. A partir de ce jour je fus pleinement guéri. »

Mais quand même Dieu ne l'aurait pas exaucé, il n'en eût pas moins béni son adorable volonté ; car il aimait tendrement la volonté de Dieu. Il avait compris de bonne heure que c'est dans cette dépendance totale et absolue de la créature à l'égard de son Créateur que consiste la vraie et solide vertu ; et plus il avançait dans les voies de la perfection, plus il était attentif à « ajuster toutes ses petites volontés à la très grande volonté de Dieu », afin qu'il n'y eût entre Dieu et lui qu'un même vouloir et non-vouloir. Il ne manquait jamais de terminer sa méditation du matin par cette petite prière qui était son bouquet spirituel de chaque jour : « Mon Dieu, je ne sais ce qui m'arrivera aujourd'hui, mais j'accepte d'avance tout ce qui me viendra de votre main. » Il acceptait comme venant de Dieu tout ce qui lui arrivait, le mal comme le bien. S'il lui arrivait quelque bien, il le recevait avec reconnaissance ; s'il lui arrivait du mal, il le recevait avec soumission ; et dans le mal comme dans le bien, il bénissait la main de Dieu. « A l'exemple de saint Vincent, son modèle chéri, il ne voyait que la volonté de Dieu gouvernant le monde, tantôt avec la douceur d'un père plein de tendresse, tantôt avec la sévérité d'un maître irrité, mais toujours avec une bonté miséricordieuse qui ne veut que le bien de toutes ses créatures. » Il reposait entre les bras de cette divine volonté comme l'enfant entre les bras de sa mère. Dans sa volumineuse correspondance avec sa famille, on ne trouve pas une lettre qui ne soit empreinte de ce sentiment.

M. Rouger se faisait l'apôtre de la volonté de Dieu ; il aurait voulu inculquer à tous les membres de sa famille l'amour de « cette toute bonne et adorable volonté ». « Ce que je demande pour vous à Notre-Seigneur, écrivait-il à ses parents, pendant le séminaire interne, c'est qu'il daigne abaisser sur vous des regards de miséricorde, et exécuter sur chacun de vous en particulier son bon plaisir, sa toute sainte et toute aimable volonté ; car c'est là, et là seulement, que nous pouvons trouver la paix et le vrai bonheur. Je vous l'ai déjà dit peut-être cent fois, je voudrais pouvoir l'écrire partout, afin que tout le monde en fût bien convaincu et prît la ferme résolution d'agir en conséquence. Quelle belle devise que celle-ci : La volonté de Dieu ! mais la volonté de Dieu en tout ! la volonté de Dieu partout ! la volonté de Dieu toujours ! rien que la volonté de Dieu ! toute la volonté de Dieu ! O joie ! ô félicité ! ô bonheur ! ô calme incompréhensible de l'âme qui répète sans cesse et du fond du cœur : Mon Dieu, c'est votre volonté, eh bien ! c'est la mienne aussi. » On croirait vraiment entendre saint Vincent lui-même ; ce sont les pensées et les sentiments du cœur de saint Vincent ; c'est la même conviction, la même soumission aux adorables volontés du Ciel ; c'est le cœur même de saint Vincent parlant par la bouche de celui qu'il regarde comme son digne fils et son enfant bien-aimé.

De telles dispositions dans un jeune homme qui n'était encore qu'à ses débuts et, pour ainsi dire, dans l'enfance de la vie de communauté, ne pou-

vaient manquer d'attirer l'attention des supérieurs.
Aussi bien, séminaristes, étudiants et jusqu'à nos
vénérables prêtres anciens, tous n'avaient qu'une
seule voix pour rendre hommage à la haute piété du
jeune sous-diacre ; il n'y avait qu'un mot à dire de
lui et ce mot était dans toutes les bouches : « C'est
une vraie et solide vertu. »

Quoique M. Rouger n'eût encore que six mois de
vocation, le conseil de la congrégation crut être l'interprète des volontés du Ciel en l'appelant au diaconat. Il fut donc ordonné diacre, le samedi des
Quatre-Temps du carême, le 27 mars 1852, dans
l'église Saint-Sulpice, par Mgr Sibour, archevêque
de Paris. Cette nouvelle faveur, à laquelle son humilité était loin de s'attendre, et dont l'annonce lui
causa une véritable surprise, excita dans son cœur
un vif sentiment d'amour et de reconnaissance. Une
lettre qu'il écrivit à ses parents, pour leur faire part
de son bonheur, va nous dire avec quelles saintes
dispositions, avec quel regard plein de foi il envisa-
geait la haute dignité à laquelle il était appelé.
« Chers parents, je vais être diacre dans quelques
jours ; oh ! priez bien pour moi ; que toute la maison,
le papa, la maman, les frères, les sœurs, depuis le
petit Alphonse jusqu'à la bonne Marie, demandent
pour moi à saint Joseph qu'il m'obtienne un vrai
cœur de prêtre, un cœur de missionnaire. » Quelques jours après l'ordination, il éprouve de nouveau
le besoin d'épancher le trop plein de son cœur dans
le sein de sa famille : « Chers parents, je suis
diacre ; maintenant il m'est donné de monter à

l'autel avec le prêtre, et de dire avec lui à Dieu : Seigneur, nous vous offrons le calice du salut, etc. Oh ! quel honneur ! oh ! quel bonheur ! Et peut-être que bientôt il me sera donné d'y monter seul!!! Qui le croirait ? »

Il avait remarqué entre son départ des Montmartins et sa promotion au diaconat une coïncidence assez frappante; son cœur toujours attentif à voir le doigt de Dieu en tout en ressentit une joie bien douce, il ne put s'empêcher d'en faire part à ses parents : « Il y a une chose qui m'a frappé, leur dit-il, dans mon ordination au diaconat : j'ai été ordonné diacre six mois après mon départ des Montmartins, jour pour jour, et heure pour heure. C'est un samedi, le 27 septembre, à six heures et demie du matin que j'ai quitté les montmartins ; et c'est le 27 mars, à six et demie du matin que j'ai été ordonné diacre. Ne dirait-on pas que la très sainte Vierge, saint Joseph et saint Vincent se sont concertés pour m'obtenir cette faveur, et pour nous consoler tous des larmes si amères que nous avons versées !

Le 5 juin de la même année, M. Rouger recevait la prêtrise dans la cathédrale de Paris. Lui seul peut nous dire ce qui se passa dans son cœur en cette circonstance, l'une des plus solennelles de sa vie.

La perspective du grand mystère qui va bientôt s'accomplir dans son cœur le fait surabonder de joie et le remplit d'une sainte frayeur tout à la la fois. La pensée que, dans peu de jours, il aura le bonheur de faire descendre Jésus sur l'autel, de le porter dans ses mains, de s'en nourrir et d'en

nourrir les âmes, lui causait une joie inexprimable ;
son cœur s'abreuvait à longs traits au torrent de
cette joie, comme les bienheureux dans le ciel s'abreuvent au torrent des éternelles délices ; mais,
lorsqu'il songeait à l'éminente sainteté qu'exige ce
ministère, redoutable aux anges eux-mêmes, lorsqu'il se rappelait l'exemple de tant de saints, qu'il
fallait amener pour ainsi dire de force au pied des
autels, une sorte d'effroi envahissait son âme, il se
sentait accablé, il était anéanti. C'est sous l'impression de ce double sentiment que, le 13 mai 1852, il
faisait part à ses parents de sa prochaine promotion
au sacerdoce.

« Chers parents, je vais être prêtre dans quelques
semaines ; mes supérieurs, qui tiennent auprès de moi
la place du bon Dieu, viennent de m'avertir que j'eusse
à me préparer. Quel honneur et quel bonheur ! je ne
puis vous dire ce que je ressens en ce moment au
dedans de moi-même ; je suis sous le coup d'une
émotion que je ne puis rendre : mon âme est frémissante, mon cœur est dans l'agitation, ma main
tremble en vous traçant ces lignes... Je vais être
prêtre ! et je n'ai pas même vingt-quatre ans accomplis ! N'y a-t-il pas témérité de ma part à assumer sur mes faibles épaules un fardeau que les
plus grands saints eux-mêmes n'envisageaient
qu'en tremblant ? Dans quelques jours il sera dit
de moi : *Tu es sacerdos in æternum,* tu es prêtre
pour l'éternité. N'est-ce pas une sentence de mort
que renferme pour moi cette parole terrible qui
bientôt va s'imprimer dans mon âme en caractères

indélébiles et éternels? Oh! qu'il importe d'avoir en ce jour, si grand et si solennel, de saintes dis- postions! Et moi, pauvre Adrien, j'ai tant à faire. Comment pourrais-je y arriver, si personne ne vient à mon secours? Oh! de grâce, chers parents, priez et faites prier pour moi; recommandez-moi aux prières du R. P. Boyer, de M. le curé de Pourrain, des religieuses et de leurs pensionnaires. Quant à vous, chaque jour, lorsque vous serez réunis aux pieds de Marie Immaculée pour célébrer son beau mois, recommandez-moi à cette bonne Mère, afin que j'obtienne quelque part aux saintes disposi- tions dont elle était pénétrée lorsqu'elle conçut et enfanta le Dieu trois fois saint, qu'il me sera donné bientôt de reproduire au saint autel, non pas seu- lement une fois, mais tous les jours, oui, tous les jours! »

Ce cri du cœur, cet appel suprême au secours divin, n'étaient que l'écho fidèle d'une ardente conviction. M. Rouger comprenait la grandeur du sacerdoce et la haute sainteté qu'il exige de ses ministres. La communauté a pu s'en convaincre la veille même de son ordination. Le vendredi, en effet, veille de l'ordination, à la conférence du soir, qui avait pour sujet la dignité du sacerdoce, notre très honoré Père, M. Étienne, eut une heureuse inspiration, celle d'interroger M. Rouger. La com- munauté tout entière lui en fut on ne peut plus re- connaissante: depuis longtemps la salle des exer- cices n'avait retenti d'accents plus pénétrants et empreints d'une foi plus convaincue. Notre pieux confrère établit entre la dignité du sacerdoce et son indignité personnelle un parallèle si touchant que tout le monde en fut émerveillé : l'émotion avait gagné tous les cœurs, on eût dit qu'un ange avait touché ses lèvres d'un charbon ardent. Au sortir de la conférence, on entendit un de nos respectables anciens dire à un de ses voisins : « Que ce jeune confrère sera un bon prêtre ! »

Un bon prêtre ! quel trésor ! Comme l'Église repose son regard plein d'espérance sur le jeune prêtre qui revient de son ordination et qui porte dans son cœur les destinées des peuples ! Avec quel accent de tendre supplication elle le presse de faire fructifier le riche talent qui vient de lui être confié : *Exhortamur vos ne in vacuum gratiam Dei recipiatis !* Les espérances de l'Église ne seront pas trompées ; la grâce ne sera point stérile dans le nouvel élu qui vient de prendre place dans les rangs du sacerdoce.

VII

1852-1853

MGR ROUGER ENVOYÉ AU GRAND-SÉMINAIRE DE SAINT-FLOUR

Pénible surprise que lui cause cette destination. — Soumission parfaite. — Bon propos. — Vie édifiante au séminaire de Saint-Flour. — Confiance qu'il inspire. — Succès. — Changement de résidence.

Entré au séminaire interne le 1ᵉʳ octobre 1851, M. Rouger quittait la maison mère le 10 septembre 1852, pour se rendre au grand séminaire de Saint-Flour, où la confiance de ses supérieurs lui destinait l'enseignement de l'histoire ecclésiastique et de l'Écriture sainte. Il n'avait que onze mois de vocation.

Ce placement fournit à notre jeune confrère une occasion de mettre en pratique sa devise favorite : *La volonté de Dieu et rien que la volonté de Dieu ;* car nous devons dire qu'en cette circonstance il éprouva une déception bien grande. En effet, quelques jours auparavant, M. Étienne, supérieur général, l'avait fait appeler pour savoir quels étaient ses goûts et ses attraits, par rapport aux œuvres de la Compagnie. M. Rouger lui avait formellement exprimé le désir de se consacrer aux missions de la Chine. » « Eh bien ! mon bon ami, répondit M. Étienne, nous vous enverrons en Chine. » Si M. Rouger eût été un peu moins modeste des yeux, il eût surpris peut-être un léger sourire sur les lèvres de son vénérable supérieur, qui savait bien ne pas devoir de suite accomplir sa promesse, et voulait le préparer à sa grande mission.

En effet, le pays d'Auvergne a sa légende dans la petite compagnie. A tort où à raison, on le regarde comme une annexe de la Chine ; c'est de tradition à Saint-Lazare. Les générations qui s'en vont le disent aux générations qui viennent. Mais M. Rouger ne se doutait pas que le Célese-Empire fût si voisin du pays de France ; il avait pris la parole de M. Étienne au pied de la lettre ; il s'était retiré tout heureux, et bien persuadé que son départ pour la Chine était imminent. Aussi, lorsque quelques jours après on lui annonçait officiellement sa destination, il croyait voir toutes ses espérances s'évanouir. Mais, habitué à se dominer lui-même, il se remit promptement de cette première émotion ; sa vertu recouvra son aplomb ordinaire ; et, enfant d'obéissance, il prit le chemin de l'Auvergne avec autant de contentement que si l'Auvergne eût été la Chine.

En réalité, M. Étienne, avec cette sûreté d'appréciation qui le trompait rarement, avait deviné, sous ces formes extérieures si calmes, si mesurées, une ardeur de tempérament peu commune, une volonté qui ne déviait jamais de son but, une âme de feu ; et, fidèle à la maxime de saint Vincent, que les œuvres de Dieu ne perdent jamais à attendre, il avait jugé prudent de mettre, suivant son expression favorite, cette vocation *en quarantaine*, se réservant d'y donner suite, lorsque le temps et l'expérience l'auraient suffisamment mùrie.

M. Rouger arriva au grand séminaire de Saint-Flour, le 12 septembre 1852 ; et, le 3 octobre suivant, jour où cette année-là l'Église célébrait la fête du Saint-Rosaire, il avait le bonheur de faire le *bon propos*, à la messe de M. Fabre, alors supérieur de cet établissement. C'était le premier lien qui l'attachait à la petite compagnie ; il voulut contracter ce premier engagement sous les auspices de Marie Immaculée, sa bonne Mère.

Il est à remarquer que les principales circonstances de sa vie de missionnaire correspondent toutes à des dates chères à sa tendre piété. Le 27 septembre, jour anniversaire de la bienheureuse mort de saint Vincent, il quitte la maison paternelle pour se donner à Dieu ; le 29 septembre, en la fête de l'archange saint Michel, il arrive à Saint-Lazare ; le jour le la solennité du Saint-Rosaire, il fait le *bon propos ;* il prononcera ses vœux le 2 octobre, jour de la fête des saints Anges gardiens : enfin il recevra la consécration épicopale le 27 avril 1884 ; ce jour-là comportait nne double solennité la fête du patronage de saint Joseph et de l'octave de la Translation des Reliques de saint Vincent. Dans la vie de notre pieux confrère, rien n'était abandonné au hasard ; c'était une dévotion saintement prévoyante ; dans le choix de ces différentes dates, il y a une pensée de foi; tout est calculé, prévu, ordonné, en vue d'une plus grande abondance de grâces à obtenir.

Nous ne nous étendrons pas longuement sur le séjour de M. Rouger au grand séminaire de Saint-Flour, vu le peu de temps qu'il demeura dans cet établissement. M. Rouger, en effet, n'y resta qu'un an ; ce qui faisait dire à ses confrères, en le voyant reprendre le chemin de Paris : « Il semble que les supérieurs n'aient voulu nous le montrer que pour nous le faire regretter. » En effet, telle était la vertu de ce cher missionnaire que quelques mois avaient suffi pour le faire apprécier de ses confrères et des élèves ; et l'on peut dire qu'en s'éloignant du séminaire de Saint-Flour, il y laissait le souvenir d'une piété vraiment sacerdotale, et d'une touchante affabilité qui avait su trouver le chemin des cœurs.

Ce n'est jamais sans une profonde émotion qu'un jeune prêtre, nouvellement investi de la double fonction de professeur et de directeur, fait sa première apparition dans un grand séminaire, pour y prendre en main l'enseignement de la science sacrée. Ceux qui, hier encore, avaient été ses condisciples, sont aujourd'hui ses élèves. Assurément c'est une considération qui commande la modestie et si la foi ne l'avertissait qu'en s'appuyant sur l'obéissance il s'appuie sur le bras même de Dieu, il n'oserait affronter les dangers d'une situation délicate entre toutes.

Cette émotion facile à comprendre, le jeune missionnaire la ressentit vivement, le jour où il apparut pour la première fois dans la chaire de vérité pendant la retraite de la rentrée des élèves ; mais, fort du secours de Dieu qui ne fait jamais défaut à ceux qui mettent en lui leur confiance, il se montra bien plus préoccupé du bien des âmes que de sa propre gloire. La timidité que lui inspirait son inexpérience disparut peu à peu, pour céder la place à ces formes humbles et modestes qui constituent l'honnêteté oratoire, et concilient l'estime et les sympathies des auditeurs, La bonne impression que produisit le jeune débutant sur les élèves du grand séminaire de Saint-Flour, qui passent, et à bon droit, pour des esprits sérieux et doués d'un bon et ferme jugement, peut être regardée comme un succès du meilleur aloi.

M. Rouger pouvait se mettre à l'œuvre résolument; il était assuré de trouver dans la confiance des élèves un solide appui pour leur direction. Avant tout, il regarda comme le plus saint et le plus sacré des devoirs de se montrer digne du sublime et redoutable ministère qu'il tenait de la confiance des supérieurs. Il avait une trop haute idée du sacerdoce, pour ne point comprendre l'importance de ses obligations comme directeur d'un grand séminaire; il en avait pesé la terrible responsabilité dans la balance du sanctuaire.

« Former des prêtres! » son esprit et son cœur étaient pleins de cette pensée si riche d'enseignements. Chaque jour il en fera le sujet de sa méditation et il en tirera ses résolutions de la journée. » Le regard fixé sur Jésus-Christ, « le formateur des prêtres par excellence », c'est de lui, et de lui seul qu'il veut apprendre cette science divine. « Si les saints Pères, disait-il, appellent la science de conduire les âmes au salut l'art des arts, *ars artium regimen animarum*, de quel nom faudra-t-il donc appeler la science qui a pour objet de préparer et de former les conducteurs des âmes? et quelle sainteté Dieu ne doit-il pas exiger de ceux à qui il confie une telle mission? Ne faut-il pas être un autre Jésus-Christ? »

Animé de cette pensée, comme son divin Maître, il commence par faire lui-même ce qu'il se propose d'enseigner aux autres, *cœpit facere et docere;* il veut se sanctifier lui-même pour pouvoir sanctifier les autres, *pro eis sanctifico meipsum.* Il se montra un homme de bon exemple; « il aurait cru forfaire à l'honneur, si ses élèves avaient pu, dans la journée, saisir un instant où sa conduite n'eût pas été d'accord avec sa doctrine. » Aussi, un mois s'était à peine écoulé depuis la rentrée, que déjà l'estime, l'affection, la confiance des séminaristes, lui étaient acquises. Tous disaient : « Le professeur d'histoire est un saint. » Ils étaient d'autant plus heureux de lui rendre ce témoignage que, de l'aveu de tous, c'était un genre de sainteté que tout le monde pouvait imiter. M. Rouger sut faire aimer la vertu dans sa personne. Si sévère et si dur qu'il fût pour lui-même en particulier, à l'extérieur sa conduite ne se ressentait nullement des saintes rigueurs auxquelles il avait voué sa vie tout entière. Chez lui la vertu était dépouillée de tout ce qui aurait pu effrayer ou déconcerter la nature. Simple et sans apprêts, elle semblait accessible à tout homme doué d'un peu de bonne volonté, pouvant s'adapter à tous les tempéraments. En admirant cette conduite si édifiante, chacun se prenait à dire : « J'en puis faire autant. » Homme du devoir, il ne s'appartenait pas ; il était tout entier à ses élèves ; chacun de ses instants leur était consacré. Il vivait étranger à ce qui n'était pas du ressort de sa double fonction de professeur et de directeur. A quelque heure de la journée qu'on entrât chez lui, on le trouvait sérieusement et pieusement occupé. Ses classes étaient toujours préparées avec un soin scrupuleux. Professeur d'histoire ecclésiastique, ses cahiers de classe indiquent qu'il s'était attaché à une seule idée, comme note dominante de son enseignement : savoir, l'action providentielle de Dieu sur son Église, dans l'accomplissement de sa divine mission à travers les siècles. A cette idée mère il ramenait toutes ses leçons ; idée vraiment féconde qui ouvrait de vastes horizons devant l'esprit de ses élèves, et répandait une clarté toute divine sur les événements d'ici-bas. Il enseignait l'histoire de l'Église, le flambeau de la foi à la main. Si les formes brillantes et les périodes sonores faisaient défaut, le solide et l'utile les remplaçaient avantageusement.

Bien que M. Rouger ne fût pas inférieur à sa mission comme professeur d'histoire, nous devons reconnaître cependant que nulle part il ne paraissait mieux à sa place, ni plus à son aise que dans une chaire d'Écriture sainte ; là, il était dans son élément: l'Écriture sainte était son étude favorite ; en classe, c'est son cœur qui animait sa parole. Il sut faire aimer la Sainte-Écriture à tous ses élèves. Avec un rare talent il leur découvrait tout le parti qu'ils pouvaient tirer de cette mine, d'une richesse incomparable, au point de vue de la prédication et de la défense des vérités religieuses. Leur avancement spirituel pouvait aussi y trouver son profit ; car, lorsqu'il avait solidement établi un point de doctrine, il ne manquait jamais d'en déduire les conséquences pratiques propres à fortifier la foi de ses élèves et à nourrir leur piété.

Homme de régularité, il était la règle vivante du séminaire. Lorsqu'il devait présider les exercices des séminaristes, non seulement il était exact à s'y rendre, mais encore il arrivait d'ordinaire l'un des premiers. Debout et recueilli dans la chaire, tandis que les séminaristes se rendaient à leur place respective, il préparait son âme à la prière. Rien de plus édifiant que sa tenue pendant les exercices ; sa seule présence était une prédication ; plusieurs de ces bons jeunes gens, à la foi simple et naïve, passaient quelquefois tout le temps de l'oraison à le contempler agenouillé dans cette chaire, où il semblait que Dieu l'avait placé pour leur apprendre à prier. Maître bienveillant et dévoué, les séminaristes aimaient à le voir au milieu d'eux, le regardant comme un ami aussi affectueux que dévoué. Lorsqu'ils allaient lui demander une permission, facilement accordée, elle était toujours accompagnée d'un mot aimable et d'un gracieux sourire. En récréation, il savait se montrer digne sans raideur, affable sans familiarité ; sa présence était une bonne fortune pour le groupe qui avait le bonheur de le posséder ; sa conversation avait le rare mérite de joindre toujours l'utile à l'agréable.

Directeur aussi pieux que zélé, il eut le succès que Dieu donne aux vrais prêtres ; sa direction fut universellement goùtée et appréciée. Dès sa première instruction pendant la retraite de rentrée, il se révéla un homme de Dieu ; et quatorze séminaristes vinrent se placer sous sa conduite et lui confier la direction de leur conscience. Le jeune directeur fut quelque peu surpris de ce succès ; peu de jours après la retraite, il écrivait à un de ses amis du séminaire interne, et, lui racontant « sa pêche miraculeuse », il lui disait : « Priez pour moi, et aussi pour les quatorze maladroits qui ont eu la singulière idée de venir se placer sous ma direction. »

Par sa prédication, qui était d'une vigueur tout apostolique, tempérée par l'onction d'une piété douce et tendre, il faisait passer son âme sacerdotale dans l'âme de ses auditeurs. Pendant son séjour au séminaire de Saint-Flour, il donna onze instructions, sur la mortification, l'humilité, la douceur et l'oraison mentale. Ces divers sujets, appliqués aux besoins du prêtre avec la vigueur de logique qui lui était habituelle, firent grande impression sur l'esprit des séminaristes. La bonne semence, tombant dans ces âmes simples et droites, fut bénie de Dieu ; car on a remarqué que le passage de M. Rouger au grand séminaire de Saint Flour a été comme le point de départ d'un bon nombre de vocations, suscitées de Dieu par la piété du saint missionnaire.

Mais, ce que tout le monde redoutait était arrivé : pendant les premiers jours de juillet 1853, M. Rouger recevait ordre de se rendre à Paris pour y recevoir une nouvelle destination. Il partit, accompagné de trois de ses élèves qui venaient solliciter la faveur d'être admis au séminaire interne.

VIII

1853-1854-1855

MGR ROUGER A ALEXANDRIE

Voyage sanctifié par la piété : à Lyon, à Marseille, durant la traversée. — Humbles fonctions à Alexandrie. — Succès dans le ministère paroissial et la prédication. — Retour à Paris. — Nouveaux retards du départ pour la Chine. — Retraites dans Paris et la banlieue. — Départ définitif.

M. Rouger était rentré à Paris pour célébrer avec ses confrères la belle fête du 19 juillet, et mettre sous la protection de saint Vincent la réalisation du plus cher et du plus ardent de ses désirs ; mais une nouvelle déception, non moins pénible que la première, l'attendait.

Dans sa lettre de rappel, M. Etienne lui exprimait son intention formelle de l'appliquer aux missions étrangères. M. Rouger pouvait donc croire que cette fois enfin les portes de la Chine allaient lui être ouvertes. Il se trompait ; l'heure de Dieu n'était pas encore arrivée : c'est l'Égypte qui va être témoin de son zèle.

Il y avait peut-être un reste d'ardeur trop humaine dans ce désir, si ardemment et si persévéramment poursuivi, de se consacrer aux missions de la Chine. Or, Dieu voulait qu'il n'y eût rien de l'homme, rien de la nature dans une vocation qu'il avait si visiblement marquée de son doigt divin : conçue dans les angoisses de toute une famille accablée par la douleur, née dans les larmes, il fallait qu'elle se perfectionnât dans le creuset de la patience pour devenir un argent éprouvé, un or très pur. Cette fois encore, le zélé missionnaire devra donc faire le sacrifice de sa volonté, imposer silence à son cœur et attendre avec résignation l'heure de la divine Providence. Il n'y manqua point. Dieu avait manifesté sa volonté par la voix de ses vénérés supérieurs ; il n'avait plus qu'à courber la tête et à obéir.

Le 30 août 1853, à huit heures du soir, il prenait le chemin de fer pour Marseille ; et, à Marseille, il s'embarquait pour Alexandrie d'Égypte, en compagnie de deux sœurs de la Charité, qui se rendaient à la même destination.

M. Rouger fit ce voyage tout entier en véritable apôtre. D'abord, avant de quitter la maison mère, il veut se placer sous la protection de Marie, l'étoile de la mer ; il lui consacre sa personne, son temps, sa vie, ses travaux, ses peines, ses joies, ses consolations. Pendant le trajet de Paris à Marseille, les pensées de la foi ne le quittent pas un instant ; « il salue, en passant, les anges gardiens de toutes les villes qui se rencontrent sur le parcours du chemin de fer, mais plus particulièrement ceux de Sens, de Villeneuve-le-Roi, de Joigny, de Saint-Florentin, de Tonnerre et autres villes du département de l'Yonne. » Cette première nuit passée en chemin de fer fut une nuit de prières, une suite de pieuses aspirations vers Dieu, que le sommeil ne vint pas interrompre.

Le 31, à cinq heures du matin, le pieux voyageur arrive à Lyon. Sa première pensée est pour Notre-Dame de Fourvières. Aussitôt il gravit la sainte colline, le cœur plein d'allégresse, et il a le bonheur de se jeter aux pieds de cette bonne mère et de célébrer le saint sacrifice dans la chapelle du pèlerinage.

Sa messe terminée, il témoigne toute sa reconnaissance à Notre-Seigneur et à sa Mère Immaculée. Puis, nous le retrouvons, peu de temps après, dans l'insigne collégiale de Saint-Jean, « prosterné devant le cœur de saint Vincent ». Que se passa-t-il dans l'âme du jeune missionnaire lorsqu'il se sentit près de ce cœur si grand, si noble, véritable foyer de charité et de dévouement ? Dieu seul pourrait nous le dire ; mais, n'en doutons point, cette visite au cœur de saint Vincent ne fut pas étrangère aux ardentes et sublimes aspirations de zèle, qui éclairent d'une auréole sacrée cette grande vie d'apôtre et de confesseur de la foi.

Le jour suivant, arrivée à Marseille : « Nouveau pèlerinage, nouveau bonheur, nouvelles demandes, nouvelle consécration à Notre-Dame de la Garde. » Le samedi, 3 septembre, à neuf heures du matin, il célèbre la messe dans ce béni sanctuaire, et, le lendemain 4 septembre, il part dans un abandon parfait à la divine Providence.

Pendant la traversée, ses lettres en font foi, son esprit et son cœur sont tout à Dieu, pleins de la pensée de Dieu ; tout ce qu'il voit lui parle de Dieu et rien que de Dieu.

Ce cher confrère, avant d'être missionnaire, n'était jamais sorti de son village et ne connaissait que les bois et la ferme des Montmartins ; aussi le spectacle de la mer, qu'il n'avait jamais vue, le jeta dans un véritable ravissement. « Il me serait impossible, écrivait-il à ses parents, de vous dire ce qui se passe dans l'âme, lorsqu'on voit peu à peu disparaître et, pour ainsi dire, s'évanouir la terre bénie où l'on a reçu tant de grâces, et des grâces telles que le baptème, la première communion, l'éducation chrétienne, le sacerdoce, la vocation. Je ne vous dirai pas, non plus, ce que l'on éprouve lorsqu'on se voit suspendu et balancé entre l'immensité du ciel et l'immensité des abîmes. Oh ! que la mer fait bien penser à Dieu ! oh ! qu'on est heureux alors de se sentir entre les bras de Dieu ! Comment la crainte pourrait-elle trouver entrée dans un cœur qui aime Dieu, qui ne cherche que Dieu, pour qui Dieu est tout et le reste rien ? »

Deux jours après avoir quitté les côtes de France,

l'*Osiris* faisait relàche dans le port de Malte. Par une attention pleine de bienveillance, le commandant du navire mit très gracieusement une barque à la disposition du missionnaire et des sœurs de la Charité, et M. Rouger eut la consolation de célébrer la sainte messe dans cette île qui lui sembla encore toute pleine du souvenir de saint Paul. En cette circonstance, Dieu voulait peut-être faire comprendre au futur apôtre de la Chine qu'il lui réservait les mêmes combats et les mêmes tribulations qu'à l'illustre apôtre des nations, et lui faire entrevoir tout ce qu'il aurait un jour à souffrir pour le nom de Jésus : *Ego enim ostendam illi quanta oporteat eum pro nomine meo pati.*

Le reste de la traversée s'accomplit sans aucun incident. D'ennui, de tristesse, de regrets il n'en fut jamais un instant question ; M. Rouger employa ses longues heures à prier Dieu, à invoquer Marie, à fredonner des chants pieux, tels que le *Magnificat* et l'*Ave Maris stella*, à méditer, à faire de saintes lectures,

Dans le pieux missionnaire, il y avait encore l'apôtre : il se mêle avec bienveillance aux passagers, à l'équipage, va de l'un à l'autre, semant tout autour de lui de bons conseils, de bonnes paroles ; « il distribua à ses compagnons de voyage, aux matelots, des chapelets, des médailles de Marie Immaculée. » Il se fait catéchiste « il donne l'instruction religieuse à un charmant petit mousse, qui se prend d'affection pour lui, devient son ami intime, l'environne d'attentions les plus aimables et lui envoie à toute rencontre ses plus affectueux sourires ». Il se fait prédicateur, « il tâche de ramener dans le droit chemin un bon jeune homme qui avait été élevé chrétiennement, mais qui avait abandonné ses pratiques religieuses en fréquentant de mauvaises compagnies. »

Enfin, après sept jours de traversée et de loisirs si religieusement utilisés, M. Rouger abordait à Alexandrie le matin du dimanche, 11 septembre, jour où l'on célébrait la fête du saint nom de Marie, et il y était reçu par ses confrères avec toute sorte de témoignages d'affection.

A son grand contentement, il put célébrer la messe sans retard. Quel moment pour cette âme si fervente, pour ce cœur si aimant ! « Quel bonheur, disait-il, de trouver Jésus chez soi, en arrivant ! Oh ! qu'on est heureux de dire la sainte messe, lorsqu'on a été privé de ce bonheur pendant plusieurs jours ! »

Le lendemain de son arrivée, il écrivait à ses parents : « Me voilà arrivé ; et maintenant à l'œuvre ! » Comme on le voit, notre zélé confrère n'allait pas à Alexandrie avec l'intention de se reposer.

Si les pensées de M. Rouger eussent été des pensées humaines, des pensées d'ambitions et de vaine gloire, en arrivant à Alexandrie il eût trouvé dans notre collège un cruel mécompte ; car, dans la fonction qui lui était réservée, il n'y avait rien pour la vanité et l'amour-propre ; c'était l'ensevelissement total du vieil homme dans l'obscurité de la vie cachée. Au grand séminaire de Saint-Flour, sa mission était de former des prêtres, de donner des prêtres à Jésus-Christ et à son Église ; il pouvait trouver dans la sublimité de cette fonction un adoucissement à la peine qu'il ressentait au fond de son cœur, en voyant les portes de la Chine fermées à son zèle. A Alexandrie, sa mission sera d'enseigner les premiers éléments de notre langue à des enfants à peine arrivés à l'âge de raison ; de directeur de grand séminaire le voilà réduit aux proportions plus que modestes de simple instituteur de village. Son supérieur lui confia la dernière classe.

Mais les pensées de M. Rouger n'étaient pas les pensées de l'homme. L'esprit de l'homme en effet considère les emplois par le côté qui lui est avantageux ou qui lui plaît, par le côté qui flatte sa vanité ou son ambition ; notre cher confrère portait plus haut ses pensées et ses regards : il considérait les emplois par le côté qui plaît à Dieu et dans leurs rapports avec la volonté de Dieu. De ce point de vue tout lui paraissait grand et digne de lui ; il ne trouvait rien de petit dans les œuvres imposées par l'obéissance. Aussi, en acceptant cette classe enfantine, où il n'y avait qu'à se dévouer et qu'à être oublié, il se sentit aussi honoré « que si ses supérieurs lui eussent confié la conduite d'un vaste établissement ». Il se trouvait heureux dans son obscurité, parce qu'il savait que « c'est dans les petits emplois de rien, acceptés avec esprit de foi, qu'on attire sur soi les regards de Dieu, regards de complaisance et d'amour » ; il voyait là aussi « un moyen de bien faire mourir la nature ».

Ce qui lui plaisait surtout dans ses nouvelles fonctions, « c'est qu'elles lui donnaient un trait de ressemblance avec son divin Maître ». Chez ce vertueux missionnaire, les pensées de la foi ne manquaient jamais de venir au secours de la faiblesse humaine ; la grâce aidait merveilleusement la nature. En posant le pied sur la terre d'Egypte, sa première pensée fut pour la sainte Famille ; le souvenir du fils de Dieu ignoré sur une terre d'exil vint grandir et ennoblir les humbles et modestes fonctions qu'il exerçait au nom de l'obéissance. « J'espère bien, disait-il, que mon œuvre, si basse qu'elle soit en elle-même, ne sera pas inutile à la gloire de Dieu. D'ailleurs, quand même je ne pourrais que procurer à Dieu, par la prière et par le saint sacrifice de la messe, les adorations qu'il mérite de l'Orient à l'Occident et dont il est privé dans le pays des musulmans, je m'estimerais encore bienheureux, fallût-il être consumé par le soleil d'Égypte. »

De pareilles dispositions ne pouvaient manquer d'attirer les bénédictions du Ciel sur les travaux de ce bon et fidèle serviteur ; car Dieu se plaît à donner sa grâce aux humbles, *humilibus autem dat gratiam.* En dehors des heures de classe, M. Rouger avait, de temps à autre, l'occasion d'exercer son zèle dans la chapelle du collège qui sert d'église paroissiale aux catholiques de toute nationalité habitant dans le quartier. Il eut la joie d'y prêcher le carême de 1854 et de constater que la bonne semence de la divine parole avait produit les plus heureux résultats. « Qu'il a été consolant pour moi, dit-il, dans une de ses lettres, de voir les chrétiens fervents se presser autour de la chaire de vérité, suivre Notre-Seigneur dans les différentes stations du chemin de la croix, environner les confessionnaux et la Table sainte, adorer la croix et baiser les plaies sacrées de notre aimable Rédempteur avec un respect et une dévotion que je n'avais jamais remarqués ailleurs ! »

Cependant, son cœur n'était pas encore satisfait ; le zèle de cet ardent et infatigable chercheur d'âmes eût voulu voir tous les musulmans, tous les hérétiques, tous les schismatiques courber la tête sous le joug aimable de Jésus-Christ. « Mais, d'un autre côté, continue-t-il, qui pourrait s'empêcher de verser des larmes, et je vous avoue que j'en ai versé par torrents, le jour du vendredi saint, en voyant, d'une part, l'aimable Sauveur Jésus répandre jusqu'à la dernière goutte de son sang pour le salut des hommes, et en pensant, d'autre part, qu'il y a encore des milliers de malheureux qui ne participent point aux fruits de la Rédemption. »

Mais la plus douce consolation que goûta M. Rouger au collège d'Alexandrie, fut de préparer les enfants à la première communion. Il avait été chargé des petits garçons qui étaient au nombre de quarante et auxquels il faisait le catéchisme tous les jours. La première communion eut lieu le jour de l'Ascension. L'attention avec laquelle ils écoutèrent les leçons du pieux missionnaire, leur empressement à embrasser toutes les petites pratiques de dévotion qui leur étaient suggérées, leur attitude pieuse et recueillie, le jour de la première communion, vont nous dire avec quels soins, avec quelle tendresse ils avaient été préparés.

Ce même jour de l'Ascension 1854, son jeune frère Louis, dont il était le parrain, devait avoir le bonheur, lui aussi, de faire sa première communion dans l'église de Pourrain. A cette occasion, M. Rouger écrivait : « Nous aussi, nous avons eu, à Alexandrie, des premières communions le jour de l'Ascension ; nous avons eu le bonheur de voir 40 petits Alexandrains s'approcher ensemble du saint autel, et venir pour la première fois recevoir Jésus dans leur cœur. Oh ! mes très chers parents, qui pourrait vous redire toutes les émotions de nos âmes ? qui pourrait vous dépeindre les sentiments de notre cœur ? qui pourrait vous faire comprendre la douceur des larmes qui coulaient de nos yeux ? Pour moi, j'étais d'autant plus touché, que j'avais été chargé des petits garçons et que c'était la première fois que je travaillais à préparer des enfants à la première communion. Comme vous eussiez été édifiés, en voyant de près, comme nous, la modestie, la ferveur, le saint contentement qui brillaient sur le front de nos jeunes communiants ! Vous auriez vu en particulier un beau jeune homme dont la tenue recueillie et pieuse vous eût ravis d'admiration : quelques jours auparavant, ce n'était qu'un hérétique, mais il avait reconnu ses erreurs et il avait voulu être instruit à fond. Il avait suivi le catéchisme des petits garçons, et malgré les craintes que pouvaient lui inspirer les menaces de sa famille hérétique, il avait fait courageusement son abjuration entre nos mains. »

Ces heureux débuts, couronnés de si consolants succès, peuvent s'expliquer d'un seul mot : chez M. Rouger on voyait une grande foi au service d'un grand cœur, M. Rouger avait le don de parler à l'âme. Dans les catéchismes, comme du haut de la chaire de vérité, sa parole avait des accents pénétrants qui allaient jusqu'au plus intime de l'âme pour y réveiller la foi et faire briller la lumière divine. Ce qui touchait, ce qui remuait, ce qui portait la grâce dans les cœurs, ce n'étaient pas les agréments du style, les formes savamment calculées, cette éloquence empruntée qui semble tendre servilement la main à son auditoire pour mendier ses applaudissements. M. Rouger avait le cœur trop haut placé pour ressentir la morsure d'une passion vulgaire; l'amour des louanges n'entama jamais ce grand cœur. Tout le secret de son éloquence était dans le ton de conviction qui accompagnait sa parole et dans cette onction toute divine qu'il puisait dans son tendre amour pour Notre-Seigneur. C'était l'éloquence du cœur, d'un cœur dévoré de zèle et brûlant d'amour. M. Rouger n'était pas un chercheur d'applaudissements, c'était un chercheur d'âmes ; et pour attirer les âmes à lui, il n'avait qu'à laisser parler son cœur.

M. Rouger resta environ quinze mois à notre collège d'Alexandrie. C'est là que, peu de jours après son arrivée, le 2 octobre 1853, jour de la fête des

saints Anges gardiens, il eut le bonheur de faire les
saints vœux, à la messe de M. Mallet, « son bien-
aimé supérieur ».

Ce que fut M. Rouger dans l'intérieur de sa nouvelle famille d'Alexandrie, son ancien supérieur,
notre digne confrère, M. Mallet va nous le dire :

« L'arrivée de M. Rouger au milieu de nous fut
une bénédiction pour notre maison ; il apportait
avec lui le véritable esprit du missionnaire. Pieux,
régulier, humble, obéissant, zélé, aimable, paraissant toujours content de tout et de tout le monde ;
il réunissait en lui toutes les vertus qui constituent
l'esprit d'un véritable enfant de la Mission.

« Ce qui nous frappait surtout en lui, c'était une
attention continuelle à agir par le mouvement de
la grâce. Il n'aimait pas qu'on suivît la nature ; lui
même paraissait toujours en garde contre les ruses
et les surprises de la nature ; il leur faisait une
guerre sans merci. Tout jeune qu'il était, c'était un
homme de bon conseil ; je le consultais volontiers
dans mes difficultés et je suivais son sentiment avec
confiance, parce que je savais qu'il l'avait puisé à la
bonne source. » Nous n'ajouterons rien à ces quelques remarques : elles résument admirablement le
court séjour de notre pieux confrère à Alexandrie.
Aussi bien, le temps n'est pas éloigné où il pourra
exercer son zèle apostolique sur un nouveau
théâtre.

M. Rouger édifiait notre petite famille d'Alexandrie depuis quinze mois, lorsque, le 22 octobre 1854,
il reçoit l'ordre de quitter son poste et de se rendre

à Paris au plus vite, afin de pouvoir s'embarquer sur le prochain paquebot anglais, qui devait faire voile pour la Chine. A cette nouvelle, grande fut la joie du zélé missionnaire; cette fois, c'était bien la Chine, la vraie Chine, qui lui ouvrait ses portes.

Mais, il était écrit qu'aucun genre d'épreuves ne devait manquer à la vocation de notre saint confrère. Dieu avait éprouvé sa foi dans les luttes si douloureuses qu'il eut à soutenir contre sa famille ; son obéissance en l'envoyant au grand séminaire de Saint-Flour ; son humilité au collège d'Alexandrie ; c'est maintenant sa patience qui va être mise à l'épreuve.

Malgré sa diligence à se rendre aux ordres de son supérieur, deux jours avant de quitter Paris pour aller rejoindre le paquebot qui devait l'emporter en Chine, M. Rouger reçoit avis des messageries anglaises que, par suite de mesures mal prises ou de formalités négligées, il n'y avait plus de place pour les missionnaires Lazaristes sur le navire en partance pour la Chine. Force fut donc au généreux missionnaire de mettre encore une fois son zèle en quarantaine et de subir un nouveau délai.

Ce délai dura dix mois, qui lui parurent dix années. Toutefois, ce ne fut pas un temps perdu pour Dieu ni pour les âmes ; il utilisa ces loisirs forcés à donner de petites retraites aux enfants de nos sœurs, tant à Paris que dans la banlieue ; il en prêcha un assez grand nombre, et partout ses travaux obtenaient les plus consolants succès. A la même époque, il prêcha pendant le carême à Villejuif, près de Paris, une mission qui mérite une mention particulière. Ce qu'il y dépensa d'ardeur, de zèle et d'entrain, ceux-là seuls qui l'ont vu à l'œuvre pourraient nous le dire. Tout ce que nous savons, c'est que, malgré l'indifférence bien connue des populations de la banlieue de Paris, on venait en foule l'écouter, et les habitants de Villejuif subirent malgré eux l'action de la prédication tout apostolique de M. Rouger ; ils s'en allaient, vivement impressionnés par cette parole ardente et convaincue. Pendant la retraite qui termina la mission il y eut des retours consolants, et beaucoup de personnes qui ne s'étaient pas approchées des sacrements depuis quarante ans se réconcilièrent avec Dieu.

Là encore ne se bornait pas son zèle : tout en travaillant à convertir la banlieue de Paris, il n'oubliait pas son propre pays. Il savait quelles familles au village de Pourrain vivaient éloignées de Dieu et de leurs devoirs religieux, et il engageait ses pieuses sœurs à aller les visiter de sa part pour leur parler du bon Dieu. « Il se préoccupait surtout d'un bon vieillard qui s'avançait tristement vers la tombe sans songer à son éternité. Ce bon paysan était veuf et n'avait jamais pu se consoler de la mort de sa femme. Or, dans les petites instructions que M. Rouger donnait à ses sœurs, il leur disait : Surtout ne perdez pas de vue le père N..., rappelez-lui la promesse qu'il m'a faite de s'approcher des sacrements, dites-lui qu'en accomplissant ce devoir religieux il aura la consolation d'aller rejoindre dans le ciel sa bonne Marguerite pour laquelle il prie matin et soir. »

Enfin, après dix mois de patience, Dieu voulut bien mettre fin à la dure épreuve de son fidèle serviteur. Le 26 juillet 1855, jour où l'on célébrait l'octave de la fête de saint Vincent, après avoir envoyé une dernière bénédiction à sa famille, M. Rouger s'embarquait à Londres sur le *Nightingale* (le Rossignol) en compagnie de deux autres missionnaires, M. Jean-Baptiste Thierry, son compatriote et son condisciple aux séminaires d'Auxerre et de Sens, et M. Joseph Rizzi, confrère italien et prêtre du séminaire : d'un frère coadjuteur, Jules-Léon Larousse, et de huit sœurs de la Charité, en tout douze personnes « représentant les douze apôtres »

IX

1855-1879

MGR ROUGER EN CHINE

Voyage au Kiang-si. — On lui confie la direction du séminaire. — Sa conduite pendant l'insurrection des rebelles. — Il doit son salut à Marie Immaculée. — Mission de M. Rouger dans le Fou-tchéou ; il reprend la direction du séminaire. — Dangers qu'il court de la part des rebelles. — Son zèle à former des élèves aux vertus secerdotales. — Ses qualités comme administrateur du temporel. — Sa nomination comme provicaire apostolique du Kiang-si méridional.

Après maintes aventures, qu'il est inutile de relater ici et qui venaient de temps en temps charmer les ennuis d'une longue traversée, la petite colonie chinoise arriva à Ning-po, dans le courant du mois de décembre, et fut reçue par Mgr Delaplace, évêque titulaire d'Andrinople et vicaire apostolique du Tché-kiang. Grande fut la joie du vénérable vicaire apostolique à l'arrivée des deux missionnaires bourguignons, qui tous deux étaient ses compatriotes et avaient été ses élèves au petit séminaire d'Auxerre; grande aussi fut la joie des deux missionnaires, en retrouvant, après quinze ans d'absence, le professeur si aimé que les sympathies de tout un diocèse avaient suivi sur la terre de Chine. Mais cette joie, si légitime et si sainte qu'elle fût, devait avoir le sort de toutes les joies d'ici-bas, elle fut de courte durée; car MM. Rouger et Thierry n'étaient point destinés au vicariat du Tché-kiang.

A Ning-Po, nos confrères s'efforcèrent de se transformer en Chinois, pour pouvoir de là être dirigés, sans être reconnus, vers leur destination. Voici les points principaux de cette transformation : Avoir la barbe taillée à la chinoise; la tête rasée, excepté au sommet, où on laisse une touffe de cheveux à laquelle on ajoute une longue queue; revêtir un costume chinois; s'habituer à tenir la longue pipe, et à manier les bâtonnets qui tiennent lieu de cuillère et de fourchette, etc., etc.

Leur éducation terminée, nos trois missionnaires partirent pour leur province respective. M. Rizzi resta dans le Tché-kiang sous la direction de Mgr Delaplace; M. Thierry fut dirigé sur Péking où Mgr Mouly le reçut, et M. Rouger eut en partage

le Kiang-si, où Mgr Danicourt et M. Anot l'initièrent à leur laborieux et périlleux apostolat. Laissons
M. Rouger nous raconter lui-même son voyage au
Kiang-si.

« D'abord, je ne m'appelle plus Rouger ni Adrien :
je suis, de par mes confrères de Ning-po, Ouangchen-fou, c'est-à-dire père spirituel, comme qui
dirait en France M. le curé. Pendant tout mon
voyage, je dois jouer le rôle de voyageur chinois ;
or, pour bien jouer ce rôle, il ne suffisaif pas d'avoir changé de nom, il fallait encore changer de
costume et de figure ; c'est pour cela que le 2 février
on me dépouilla de tous mes habits européens pour
me vêtir à la chinoise. On installa sur mon nez une
vaste paire de lunettes noires et on me couvrit la
tête d'un capuchon de voyage qui ombrageait tout
le haut du visage. C'est dans ce costume bizarre
que, le 1er mars 1856, j'allai faire mes adieux à nos
confrères et aux sœurs, et que je reçus la bénédiction de Mgr Delaplace.

« Parti un samedi, et le premier jour du mois de
saint Joseph, qu'avais-je à craindre sous de pareils
auspices ? Aussi je me mis en route, content comme
un roi, et le cœur plein de confiance pour l'issue
d'un voyage, que j'entreprenais pour accomplir la
sainte volonté de Dieu et les ordres de mes supérieurs.

« J'étais accompagné de deux braves chrétiens qui,
en toute circonstance, devaient parler pour moi
et prendre toutes les précautions nécessaires pour
laisser croire à tout le monde que j'étais un Chinois

pour de bon. L'un portait une besace avec quelques
provisions de bouche, l'autre le parapluie de papier
huilé et la longue pipe, dont je devais faire usage
le plus souvent et le plus adroitement possible. Devant moi marchait un troisième individu qui nous
accompagna jusqu'à la barque, portant notre ba-
gage, suspendu comme en balances aux deux bouts
d'un bâton, sur son épaule ; d'un côté, deux paniers
contenant des habits chinois ; de l'autre, le lit dont
le missionnaire ne se sépare jamais.

« Une fois installé dans ma barque, bien des pensées se pressaient dans mon esprit, en me voyant
seul, à la merci de deux hommes dont un seul signe
aurait suffi pour me perdre ; cependant la confiance
ne m'abandonna pas un instant ; la pensée de
Marie, de mon bon ange et de saint Joseph ne me
quittait pas. Que de questions on faisait à mes chrétiens, pour savoir qui j'étais, ce que je faisais, d'où
je venais, où j'allais et pourquoi je ne parlais
jamais ! Que de fois j'ai dû contrefaire le malade !
pour me dérober aux regards des curieux, j'ai dû
m'enfoncer sous ma couverture, sans faire le moindre mouvement, comme un paquet de marchandises
de contrebande ! A chaque instant, mes guides me
faisaient signe de dormir profondément. Mais c'est
surtout lorsqu'il fallait manger que je me trouvais
mal à l'aise et que je donnais de l'inquiétude à mes
gens, ne sachant que très imparfaitement faire usage
des bâtonnets ; mais mon repas était vite fait ; et la
tasse remise au propre, je me replongeais de nouveau
sous ma couverture, pour dormir profondément.

« Si les jours me paraissaient longs, à cause de l'inportunité des voyageurs qui montaient la même barque que moi, j'avais les nuits pour me dédommager. La nuit une fois arrivée, je commençais à respirer ; je sentais que je n'étais plus que sous les yeux de Dieu et de ses anges ; je priais tranquillement ; je faisais de grands signes de croix ; je tirais mon petit chapelet d'une poche secrète et je le récitais cinq ou six fois pour remplacer la sainte messe, le bréviaire et les lectures spirituelles. C'était aussi pendant la nuit que je rasais ma barbe beaucoup trop rouge et trop touffue pour ressembler à une barbe chinoise. Et pourtant, quoique je fusse continuellement sur le qui-vive, j'étais heureux et content ; je ne perdis pas un instant la paix de l'âme et le calme du cœur ; je sentais que j'avais le bon Dieu pour moi et avec moi.

« Enfin, après avoir remonté canaux, fleuves et rivières pendant quatorze jours, j'eus l'avantage d'arriver dans une petite chrétienté, composée de quatre ou cinq familles de la même parenté. Dire la joie de ces pauvres gens et les soins affectueux dont je fus l'objet serait chose impossible.

« Les chrétiens n'avaient pas vu le prêtre depuis un an, mais hélas ! je ne pus leur être d'aucune utilité, sachant à peine quelques mots de chinois. Nous nous contentâmes de chanter la prière du soir ensemble devant une petite image de Marie collée à la muraille. Le lendemain matin, le chef de la famille vint m'accompagner jusqu'à la barque sur laquelle je devais continuer mon voyage. Cette barque était la dernière que je dusse monter avant d'arriver à ma destination. On m'y logea à fond de cale, à côté de la provision de charbon ; je n'y étais pas très à l'aise, mais j'étais seul et tranquille.

« De temps en temps j'ouvrais un petit vasistas, j'y passais ma tête pour y respirer l'air frais et jouir de la vue du fleuve. Dans cette position intéressante, je fredonnais des chants à Marie ma bonne mère et ma protectrice, tels que le *Sub tuum præsidium*, le *Salve Regina*, le *Magnificat*, etc.

« Tout en cultivant la belle humeur, au fond de mon cœur, une pensée toutefois me préoccupait, je craignais d'être obligé de célébrer la fête de Pâques à côté de mon tas de charbon ; mais Dieu eut pitié de son pauvre voyageur. Le mercredi-saint, la barque s'arrêta près d'un gros village et j'achevai mon voyage dans une chaise à porteurs. Enfin, après trois longues semaines de voyage par eau et par terre, j'arrivai le samedi-saint à midi dans notre résidence de Kiou-tou, petit village du Kiou-tchang-fou, au moment où nos confrères du Kiang-si, réunis pour la solennité de Pâques, venaient de chanter l'*Alleluia*. Je le continuai de bien bon cœur, en reconnaissance de la protection particulière dont j'avais été l'objet, de la part de la divine Providence, depuis Ning-po jusqu'à Kiou-tou. C'était le 22 mars 1856. »

Avant d'entreprendre le récit des œuvres apostoliques de M. Rouger au Kiang-si, qu'il nous soit permis de jeter un rapide coup d'œil sur les origines de ce vicariat.

La province du Kiang-si fut érigée en vicariat apostolique en 1696 par le pape Innocent XII. Le Père Alvar Benevente des Ermites de Saint-Augustin fut le premier vicaire apostolique de cette province, qu'il administra jusqu'à sa mort arrivée en 1709. Après la mort de Mgr Benevente, le vicariat apostolique du Kiang-si demeura sans titulaire à cause des obstacles insurmontables que rencontraient les missionnaires qui avaient charge d'évangiliser cette contrée, et toutes les Missions du Kiang-si et du Tché-kiang furent soumises à la juridiction de Mgr Milte, vicaire apostolique du Fokien. Cet état de choses dura jusqu'en 1839, époque où Mgr Capena, successeur de Mgr de Milte, voyant le grand bien que les enfants de saint Vincent faisaient dans ce pays, proposa à la Congrégation de la propagande de confier aux Lazaristes les deux provinces du Tché-kiang et du Kiang-si.

Le premier missionnaire lazariste dont on trouve la trace dans le Kiang-si est le vénérable Clet. Du Hou-pé, où il exerçait son zèle apostolique, il rayonnait jusque sur la lisière du Kiang-si; et il baptisa une centaine d'adultes : c'est de ce germe fécond, arrosé par le sang du martyr, que sortit la chrétienté aujourd'hui si intéressante et si prospère du Kiang-si.

Mais c'est à Mgr Laribe que revient le mérite d'avoir fondé cette mission; véritable pionnier de l'Évangile, on ne saura jamais ce qu'il dépensa d'efforts et de sueurs à défricher cette terre inculte, en la préparant à recevoir la bonne semence de la foi chrétienne. Mgr Laribe est le premier missionnaire européen qui soit entré dans le Kiang-si ; il y pénétra en 1832, mais le vicariat ne fut érigé qu'en 1889 et fut confié à Mgr Rameaux.

De 1839 jusqu'en 1879, époque où le Kiang-si fut divisé en deux vicariats, les vicaires apostoliques qui se succédèrent dans l'administration de cette province sont : Mgr Rameaux, Mgr Laribe, Mgr Delaplace, Mgr Danicourt, Mgr Baldus, avec Mgr Tagliabue pour coadjuteur, et Mgr Bray qui est aujourd'hui vicaire apostolique du Kiang-si septentrional. Mais d'après Mgr Bray au témoignage duquel nous sommes heureux de souscrire, le missionnaire qui a le plus contribué à la propagation de l'Évangile dans le Kiang-si, celui qui a préparé la formation des trois vicariats apostoliques, c'est, avec Mgr Laribe, M. Anot, le vétéran des Missions de Chine ; c'est à cet infatigable ouvrier évangélique que la chrétienté du Kiang-si doit sa prospérité relative.

A ce côté de ce saint missionnaire et sous la direction de Mgr Danicourt, M. Rouger préluda à ses travaux apostoliques ; il s'estimait heureux et se montra toujours reconnaissant d'avoir rencontré sur son chemin ces deux hommes dont la longue expérience et la sagesse consommée étaient venues si à propos au secours de son inexpérience.

Pour lui donner le temps de se familiariser avec la langue chinoise et de se mettre en mesure de confesser et d'instruire le peuple, Mgr Danicourt confia à son nouveau confrère la direction du séminaire, qui se composait alors de huit latinistes, de quatre philosophes et de deux jeunes prêtres chinois récemment ordonnés. auxquels il fallait enseigner les cérémonies de la messe et l'administration des sacrements. M. Rouger dut s'acquitter de cet emploi dans des circonstances particulièrement difficiles.

Lorsqu'il arriva à Kiang-si, tout le pays était en feu. Une insurrection formidable, la révolte des Taïpings (tchang-mao, longues chevelures), menaçait d'envahir tout l'empire et même de marcher jusqu'à Péking, pour détrôner l'empereur et mettre à sa place un des chefs de l'insurrection. Déjà maîtres de la plus grande partie du Kiang-si, une victoire décisive remportée, le 21 novembre 1856, sur les armées impériales, qui fuyaient devant les rebelles comme de timides troupeaux, acheva de leur livrer la province toute entière. Dès lors, l'audace des rebelles ne connut plus de bornes ; un million de ces barbares, qui n'avaient d'humain que la figure, parcouraient, par bandes indisciplinées, cette malheureuse province livrée au pillage ; incendiant, massacrant, livrant à des tortures inouïes les malheureux qui n'avaient pu fuir ; se gorgeant, en d'horribles festins, du sang, des chairs et des entrailles de leurs victimes ; ne laissant sur leur passage que des cadavres et des ruines.

Toutes les chrétientés du Kiang-si, dont quelques-unes étaient très florissantes, furent détruites ; les chapelles et les oratoires incendiés, rasés jusqu'au sol. Notre cher confrère M. Montels, surpris au cours de ses missions par une bande de rebelles, fut impitoyablement massacré : Mgr Danicourt, chargé de chaînes, n'échappa à la mort que par une sorte de miracle de la protection divine : M. Rouger particulièrement dut passer par de cruelles et poignantes épreuves. Dieu sans doute le réservait à de telles calamités pour faire éclater ses vertus apostoliques, et montrer ce que la confiance en Marie peut mettre de force d'âme et de sainte intrépidité dans le cœur du missionnaire qui place tout son espoir dans cette divine mère. M. Rouger n'avait aucun doute à ce sujet ; c'est à Marie Immaculée qu'il dut son salut, lui et ses chers séminaristes.

De 1850 à 1856, la résidence de Kiou-tou avait joui d'une tranquillité parfaite, éloignée qu'elle était du théâtre de la guerre. La victoire du 21 novembre, dont nous venons de parler, fut le signal des épouvantables calamités, qui allaient bientôt fondre sur cette infortunée chrétienté. L'approche des rebelles qui, chaque jour, gagnaient du terrain, causa une panique indescriptible dans toute la contrée : dans leur affolement les nourrices païennes arrivaient de tous les villages voisins, rapportant les enfants recueillis qu'on leur avait confiés ; les femmes chrétiennes obligées de recevoir ces enfants, ne sachant qu'en faire, les apportent à la chapelle et s'y réunissent pour les soigner. Grand était l'embarras du pieux missionnaire. Sentant que dans de pareilles circonstances, le secours ne put venir que d'en haut, et plein de confiance en celle qui se nomme la Consolatrice des affligés et le secours des chrétiens, il va prendre l'image de Marie, la pose solennellement au milieu de l'autel et constitue cette bonne et toute-puissante mère gardienne de la maison, en lui adressant cette touchante prière :

« O sainte mère de Dieu ! nous accourons tous à vos pieds pour nous mettre sous votre protection. Dans la nécessité présente, ne nous abandonnez pas, montrez que vous êtes notre mère, et délivrez-nous de tant de périls, afin que les païens reconnaissent la toute-puissance de votre divin Fils, et vos ineffables bontés envers ceux qui invoquent votre nom. »

Le jour même où s'accomplissait cet acte de filiale dévotion envers Marie, une première bande arrive dans le village de Kiou-tou ; ils passent à cent pas de la résidence des missionnaires ; « mais, comme s'ils eussent été conduits par un guide invisible, ils descendent la côte, sans même tourner la tête du côté de cette maison. » Le lendemain, nouvelle bande de rebelles ; ceux-là paraissent plus dangereux que les premiers ; ils marchent la tête haute et fière ; leur allure respire l'insolence, l'audace et la férocité ; mais de ceux-là encore rien à craindre ; on s'en débarrasse par un bon repas et une centaine de francs ; le soir, il n'y en avait plus un seul dans le village.

Le jour suivant fut un jour de cruelles angoisses. Vers deux heures de l'après-midi, comme les séminaristes réunis à la chapelle commençaient à chanter le Rosaire, une clameur terrible vint jeter l'effroi parmi ces jeunes gens : le courageux missionnaire accourt et apprend qu'une nouvelle bande a fait irruption et a enlevé comme otages un jeune séminariste malade et le vieux maître de chinois. A cette nouvelle, « il lui sembla qu'il recevait un coup de poignard en plein cœur. » De braves chrétiens s'élancent à la poursuite des ravisseurs pour leur arracher leur proie. Cependant, plein de confiance en Marie, M. Rouger retourne auprès de ses élèves qu'il trouve plus morts que vifs, et après quelques paroles d'encouragement, on reprend tranquillement le chant du Rosaire là où on l'avait interrompu.

« A la suite de ce triste événement, raconte notre pieux confrère, de concert avec les familles de l'endroit, nous fîmes un vœu à la très sainte Vierge dans le but de recouvrer les deux infortunés captifs et d'obtenir que le village fût préservé de la destruction. On fit la promesse solennelle : 1° d'élever un autel magnifique à Marie Immaculée, et d'y célébrer une neuvaine de messes; 2° de réciter cent chapelets de la Miséricorde (dévotion particulière aux Chinois). Or, le lendemain vers cinq heures du soir, la cour retentit soudain de cris de joie, les deux prisonniers étaient de retour. Voyant qu'on ne pouvait pas retirer d'eux la moindre sapèque, on les avait relâchés ; le petit malade n'avait subi aucun mauvais traitement; mais le pauvre vieux avait été roué de coups. Inutile de dire que Marie eût son autel, sa neuvaine et ses cent chapelets de la Miséricorde. »

Il y avait environ dix-huit mois que M. Rouger dirigeait le séminaire de Kiou-tou, en butte à mille vexations et au milieu de continuelles alarmes, lorsque la diplomatie européenne obtint du gouvernement chinois un traité qui assurait la liberté de com-

merce pour les Européens, la liberté de prédication
pour les missionnaires et la liberté de religion pour
tous les sujets du Céleste Empire. Quoique l'insurrection n'eût pas encore mis bas les armes, le supérieur de la mission jugea que le moment était venu
d'aller au secours de tant de chrétientés qui avaient
été dévastées par les rebelles et qui n'avaient pas vu
le prêtre depuis cinq ou six ans. Il fut alors décidé
que M. Rouger passerait du séminaire aux missions.
On lui assigna cinq immenses départements à évan-
géliser. Le traité de paix ne devait être promulgué
que le 1ᵉʳ juin 1858 ; mais le zélé missionnaire ne
voulut pas attendre cette époque ; il partit sur-le-
champ, la paix dans le cœur et l'allégresse dans
l'âme. Voici comme il raconte lui-même à ses parents
ses courses, ses travaux apostoliques et ses consolations pendant cette mission qui dura dix-huit mois.

« Enfin, nous la tenons, cette chère liberté ! Vive
donc la liberté ! Liberté d'abord sur les papiers des
plénipotentiaires européens et chinois, et bientôt
aussi sur tout le territoire du Céleste Empire. En
attendant, je cours partout, avec autant d'audace que
si j'étais en France. La divine Providence a si bien
veillé sur moi pendant les trois années de guerre qui
viennent de s'écouler, que je ne crains pas de la ten-
ter, mais je crois lui rendre un hommage de reconnaissance, en attendant d'elle la même protection
dans tous mes voyages.

» Depuis six mois, j'ai fait tant de chemin et visité
tant de pays que je n'en finirais pas si je voulais
vous retracer mon itinéraire. Si vous voulez vous

9.

faire une idée de ma paroisse, il ne faut pas vous figurer un petit recoin de pays de sept ou huit lieues de tour; représentez vous une superficie équivalant cinq ou six fois au département de l'Yonne, et comprenant au moins vingt-cinq grandes villes murées, auprès desquelles Auxerre ne serait qu'une pauvre bicoque : voilà ma paroisse.

» Voulez-vous savoir comment je voyage? Nous sommes ordinairement quatre; un premier individu roule une brouette sur laquelle se trouve mon lit; un autre individu roule une seconde brouette sur laquelle se trouve la caisse aux ornements et autres choses nécessaires au culte; vient ensuite mon servant de messe; votre Adrien ferme la marche.

» Quant aux agréments de voyage, vous les devinez : travaux, fatigues, marches forcées, privations, vexations; mais joie toujours et bonne humeur quand même.

» Les fruits de ma mission ont été des plus consolants. Grâce à l'auguste Marie que je fais invoquer chaque jour publiquement après la messe, par le chant de quelques prières chinoises, faites en union avec l'archiconfrérie de Notre-Dame des Victoires de Paris, presque dans toutes les missions que j'ai données, j'ai eu des conversions d'autant plus consolantes qu'elles étaient moins attendues. Si je ne vous parle pas de mes catéchumènes, de mes nombreux baptisés, c'est uniquement parce que le temps me manque. En ce moment, il y a un mouvement dans les esprits; la grâce commence à remuer les cœurs. Ce sont des familles entières qui viennent adorer

Dieu et me prier de venir les inscrire au nombre des catéchumènes; père, mère, fils et brus, personne ne veut rester en arrière. A la capitale du Fou-tchéou, un bon chrétien, qui a sous ses ordres sept jeunes compagnons apprentis, est parvenu à en faire sept catéchumènes fervents, et il me les a tous amenés avec lui, au premier jour de l'an chinois, pour me procurer le plaisir de les voir et leur apprendre en même temps à connaître leur futur Père spirituel. Oh! que le cœur des missionnaires éprouve de jouissances à la vue de ces chers néophytes, qu'il espère pouvoir bientôt enfanter à la vie de la grâce! Depuis que je parcours le pays, j'ai déjà eu le bonheur de baptiser plus de soixante-dix adultes, sans parler de plusieurs centaines de petits enfants. Oh! bien chers parents, priez pour le pasteur et ses brebis! »

M. Rouger termina sa tournée de mission dans le Fou-tchéou, par une visite à Ou-tchen, ville considérable de ce département. Cette mission offre un intérêt particulier.

Ou-tchen possédait autrefois une chrétienté florissante. Mgr Laribe avait évangélisé le pays; il y avait bâti des chapelles, des oratoires; c'est même là qu'il est mort, victime de son zèle, en donnant la mission à ses chers néophytes. Mais l'insurrection était passée par là et avait multiplié les désastres : chapelles, oratoires, etc., détruits; grand nombre de chrétiens égorgés, et, parmi ceux qui avaient échappé à la mort, les uns cédant à l'apostasie, les autres errant sur les montagnes, où ils enduraient tous les maux des premiers martyrs du christianisme : *In solitudi-*

nibus errantes, egentes, augustiati, afflicti. Les besoins de ces pauvres chrétiens étaient immenses.

Touché de leur détresse, M. Rouger, malgré sa grande fatigue, voulut aller les visiter, pour rassembler les débris épars de cette pauvre chrétienté et en constituer une nouvelle sur les ruines de l'ancienne. Mais Dieu sait à quel prix !

Le 26 décembre, M. Rouger quittait Nan-thang-fou, capitale du Fou-tchéou, et s'embarquait pour Ou-tchen. Malheureusement, les vents étaient contraires ; il fut obligé de rebrousser chemin et de rentrer à Nan-tchang-fou. Mais le vaillant missionnaire ne se découragea pas. Le 1er janvier suivant, après avoir célébré la sainte messe, il s'embarque de nouveau, et à dix heures du soir, il arrivait en vue des premières maisons d'Ou-tchen. A une pareille heure, tout le monde dormait tranquillement ; M. Rouger alla se coucher. Son lit était tout prêt ; il s'enveloppe le moins mal possible, s'étend dans sa barque, et mollement bercé par les flots, il s'endort profondément sous le regard des anges, ce qui, toutefois, ne l'empêcha pas à son réveil d'avoir les deux oreilles gelées.

Le lendemain matin, il était sur pied de très bonne heure, et conduit par un chrétien prévenu de son arrivée, il se rendit à la maison où devaient avoir lieu les exercices de la mission. Ce lieu de réunion était un hangar qui servait tout à la fois de chambre à coucher, de cuisine, de dépôt de marchandises, d'étable pour les moutons, de porcherie, de poulailler, de pigeonnier, un lieu, en un mot, dont on comprend la malpropreté et le désordre, et qui rappelle en grand l'étable de Bethléem.

Comment célébrer le plus auguste de tous les mystères en un tel lieu? Le pauvre missionnaire était dans la désolation. Toutefois, en vue de Jésus naissant dans une extrême pauvreté, il se décida à approprier un coin de ce taudis pour dire la sainte messe. Laissons-le raconter lui-même cette longue et laborieuse opération.

« Je me mis à la besogne et y fis mettre tout le monde, pour enlever le plus gros des araignées, de la poussière et des ordures de tout genre. A onze heures du matin, j'étais encore à l'ouvrage; il me fallait courir les rues de la ville, grimper aux échelles, planter des clous, activant tout le monde de la voix et du geste. Deux draps de lit formaient la grande nef de cette cathédrale improvisée, un troisième dessinait l'abside; pour autel une table boiteuse, que dominait une petite image de Marie Immaculée. Ce travail fut toute ma préparation prochaine et immédiate. Harassé de fatigue, les jambes rompues, la tête brisée, n'ayant rien mangé depuis vingt-quatre heures, il m'eût été difficile de faire de longues réflexions. Pourtant, je me jetai aux pieds de notre crucifix posé sur une chaise, faute de table, et après avoir conjuré Notre-Seigneur de ne faire attention ni à l'indignité du temple, ni à l'indignité du ministre, je commençai le saint sacrifice et l'offris de bien bon cœur pour attirer les bénédictions du Ciel sur cette infortunée chrétienté. Je fus surtout bien consolé à la vue du pieux recueillement de ces pauvres chrétiens et néophytes, qui n'avaient pas vu de prêtre depuis cinq ans. Après ma messe et mon action de grâces, je déjeunai de bon appétit. »

Mais notre cher confrère n'était pas au bout de ses peines. Lorsque tout fut prêt pour commencer les exercices de la mission, le démon « s'empressa d'opposer son veto ». Les chrétiens n'étaient que locataires de ce hangar, et le propriétaire était un païen. Lorsqu'il sut que son immeuble servait d'asile à un missionnaire, et qu'on y adorait le vrai Dieu, il vint, hors de lui, sommer les chrétiens de mettre le missionnaire à la porte. En présence de cet ordre d'expulsion, il n'y avait qu'à s'exécuter. C'est ce que fit M. Rouger. Pour ne pas compromettre les chrétiens, il s'enfuit, pendant la nuit, à la faveur des ténèbres, loin de la ville, sans savoir où il allait, à travers un pays inconnu.

La Providence veillait sur lui et dirigeait ses pas. Quand le jour parut, il s'aperçut qu'il était au milieu d'un cimetière chrétien. Il résolut de s'y arrêter et d'attendre là une solution favorable à la difficulté qui venait de surgir si inopinément. En attendant, il se met à visiter les tombes ; en allant d'une sépulture à l'autre, soudain il se trouve devant la tombe de Mgr Laribe, mort dix ans auparavant, en donnant la mission à Ou-tchen. A la vue de cette tombe vénérée, il lui sembla « qu'il se trouvait entre les bras d'un ami », et il se sentit moins seul dans ce désert. C'est là, sur cette tombe, le seul asile qu'il avait pu rencontrer dans sa fuite, qu'il passa toute sa journée, y récita son office et un grand nombre de chapelets.

Dans un rapport adressé le 15 juillet 1859, aux directeurs de la Propagation de la Foi, à Lyon, M. Anot, alors pro-vicaire, donne de très intéressants détails sur cette mission d'Ou-tchen.

M. Rouger avait dû s'enfuir de la ville pour ne point compromettre la sûreté des chrétiens, et après de longues heures de patience passées sur le tombeau de Mgr Laribe, le soir venu, il rentra secrètement dans la ville, où il apprit qu'on avait trouvé un autre local pour les exercices de la mission. C'était un atelier de charpentiers, où trente ouvriers païens travaillaient à grand bruit. Une chambrette noire et cachée dans un enfoncement devait servir de sanctuaire ; on avait empiété sur le terrain des charpentiers pour improviser la nef ; une haie de planches mal jointes en formait le pourtour. Le gîte du prêtre était à l'avenant ; et tout cela dans le voisinage de trente hommes qui frappent, qui rabottent, qui scient, qui parlent, qui chantent, qui crient. Le missionnaire fait observer qu'au milieu de ce vacarme, il lui est impossible d'instruire, de confesser, de prier, de célébrer la sainte messe ; bref, il parle de repartir. Pauvres chrétiens, devant cette menace, que vont-ils faire ? ils viennent tous devant le missionnaire, ne pouvant rien de plus, ils se mettent à pleurer. Que fera leur père spirituel ? Lui aussi, il pleure. Après les larmes versées, le cœur attendri devient inventif ; impossible d'agir le jour, on profitera de la nuit ; depuis neuf heures du soir

jusqu'à minuit, ce sera le temps consacré aux exercices et aux confessions ; la messe se dira vers les
trois heures du matin, afin que tout soit terminé à la
pointe du jour, moment où recommence le tapage.
Ainsi se passèrent dix nuits consécutives.

« Le bonheur d'avoir pu confesser et communier
tous ces pauvres gens, me disait M. Rouger, a fait
tarir toutes les larmes et oublier toutes les fatigues. »

De retour à la résidence de Kiou-tou, après une
mission de dix-huit mois, M. Rouger espérait reprendre, après un repos bien mérité, le cours de ses
travaux apostoliques et continuer d'aller porter le
bienfait de son ministère aux chrétientés qui n'a-
vaient pas encore reçu sa visite. Cette espérance ne
devait pas encore se réaliser ; La Providence lui
réservait des combats d'un autre genre et des plus
périlleux.

Le missionnaire qui devait avoir la direction du
séminaire étant tombé gravement malade, M. Rouger
dut reprendre ses fonctions de professeur et les conserver jusqu'en 1879, époque où il fut nommé pro-
vicaire du Kiang-si méridional.

Mais quelles effroyables calamités devaient fondre
sur cette malheureuse province du Kian-si! par
quelles poignantes épreuves notre cher confrère,
dont la vie avait été si accidentée, devait encore
passer ! Après avoir commis tant d'atrocités, versé
tant de sang, promené l'incendie et la mort dans
tout le district, la rage des rebelles n'était pas encore assouvie.

L'année 1859 s'était terminée à la lueur des incendies ; les années 1860 et 1861 ne devaient pas être moins néfastes. Quatre fois pendant ces deux années, qui furent les dernières de l'insurrection, le saint missionnaire fut obligé de prendre la fuite pour sauver sa vie et celle de ses chers élèves, laquelle lui était plus chère que la sienne, et d'aller chercher un refuge au loin dans les montagnes.

Pendant le carême de 1861, à l'époque des pluies, c'est-à-dire pendant la mauvaise saison du Kiang-si, une armée de rebelles arriva dans le village à l'improviste. M. Rouger dut fuir à douze ou quinze lieues, avec tout son personnel, à travers des montagnes escarpées, au milieu d'un pays entièrement païen et traînant avec lui un confrère presque à l'agonie. Dans ces marches forcées, les pauvres fugitifs passèrent des journées entières sans pouvoir se procurer la moindre nourriture. La nuit venue, ils se logeaient dans de misérables taudis, où ils étaient entassés les uns sur les autres et dévorés par la vermine. Mais c'était là le moindre souci du pieux missionnaire ; sa grande peine était de ne pouvoir trouver aucun endroit pour célébrer le saint sacrifice.

Enfin, après avoir été privé pendant trois longues semaines de ce viatique réconfortant, il fut assez heureux pour rencontrer une maison à peu près convenable, qu'il loua fort cher, pour établir sa résidence provisoire et y offrir le saint sacrifice de la messe. C'était la semaine de la Passion, et la première messe qu'il célébra dans ce sanctuaire de circonstance fut celle de la Compassion de la très sainte Vierge ; coïncidence bien faite pour affermir son espérance dans la tendre protection de cette Mère de douleurs.

Après l'installation, la maison prend aussitôt cette physionomie de régularité, d'ordre et de pieux recueillement, qui est le cachet des maisons religieuses : exercices de piété, offices divins, classes, observance de nos saintes règles, tout reprend sa marche ordinaire. On célèbre les offices de la semaine sainte avec la même sérénité d'âme que si l'on s'y fût trouvé en plein pays catholique ; seulement on tient la porte fermée pour se soustraire à l'importunité des curieux, dont la présence aurait pu nuire au recueillement de ces saintes solennités.

« Le jour de Pâques, messe solennelle avec toute la pompe que comportaient les circonstances de temps et de lieu, raconte le zélé missionnaire ; et après la messe, nous nous décidons enfin à ouvrir nos portes à la foule impatiente de nous voir et de nous entendre. En un clin d'œil, des centaines de païens, hommes, femmes, enfants, vieillards, s'entassèrent derrière nous. Ebahis à la vue de notre petit autel, de notre tapis, de nos images : émerveillés en entendant l'accord de nos voix qui n'en faisaient qu'une, il nous laissèrent prier tout à notre aise. Lorsque nous eûmes achevé de chanter notre rosaire, je profitai de l'occasion pour dire quelque chose du bon Dieu et de notre sainte religion à tous ces pauvres gens, plus ignorants que méchants, et qui paraissaient heureux d'entendre ce que je leur disais. Qui sait si, dans les desseins de la divine Providence, le vent de la persécution ne nous a pas jetés dans ces contrées à demi sauvages, comme une semence divine d'où germera un jour une chrétienté nouvelle? »

Cependant les rebelles avaient quitté le pays, et le village de Kiou-tou était redevenu libre. A cette nouvelle, professeur et élèves s'empressent de faire leurs paquets et de plier leur tente, pour reprendre le chemin de leur résidence. Pendant le voyage la faim, la soif et les privations de toute sorte les accompagnèrent. Enfin ils arrivèrent à la résidence, laissant derrière eux les ruines fumantes de centaines de villages incendiés. Leur fatigue disparut à la vue de leur cher séminaire, debout, au milieu du village dévasté : « Marie s'était parfaitement acquittée de son office de gardienne; la maison des missionnaires n'avait pas une égratignure. »

Un mois et demi après cette pénible aventure, nouvelle panique, nouvelle fuite, mais cette fois ce n'était qu'une fausse alerte. Le village de Kiou-tou en fut quitte pour la peur, et le séminaire pour une absence de quinze jours.

Mais le mois suivant, c'est-à-dire au commencement de juin, « qu'elle épouvantable tragédie ! raconte M. Rouger; tout le district est inondé de rebelles ; l'ennemi arrive de tous les côtés à la fois, mettant à feu et à sang tout ce qu'il rencontre. Par précaution, au premier signal du danger, le missionnaire convalescent et mes plus jeunes élèves avaient été expédiés dans la direction du fleuve qui passe à quelques heures de chez nous, pour y louer une barque de sauvetage, si besoin était. Bien nous en prit : la nuit suivante, au beau milieu de la nuit, je fus obligé de déloger moi-même avec mes plus grands élèves et de me sauver à toutes jambes dans la direction de la barque qui devait nous prendre et nous éloigner du danger. O bonne Providence ! il était temps. Au point du jour, on apercevait l'avant-garde des rebelles, se précipitant avec fureur dans la ville de Canton que nous venions de laisser derrière nous. Malgré le sac, que chacun de nous portait sur son dos, nous doublons le pas ; et à six heures du matin nous arrivions à la barque qui devait être pour nous la barque du salut. Nous étouffions dans cette barque, entassés que nous étions les uns sur les autres et sous un ciel de feu ; mais que nous étions heureux de nous sentir entre les mains d'une si bonne Providence ! Nous filions à toute vitesse, et nous ne nous arrêtâmes qu'à vingt lieues de chez nous. Nous allâmes demander l'hospitalité à une excellente famille chrétienne, chez laquelle j'avais autrefois donné la mission ; nous fûmes reçus à bras ouverts ; mais je n'avais pas moins de six malades parmi nos plus jeunes élèves.

« Le danger passé et nos petits malades remis de leur indisposition, grâce aux bons soins qui leur furent prodigués, il fallut songer au retour ; et cette fois, ce n'est pas en barque qu'il nous fallut voyager, mais à pied.

» En un seul jour, sous un ciel enflammé, sur un sol brûlant, nous avons fait dix grandes lieues, sans pouvoir rencontrer le plus petit rafraîchissement ; je ne sais pas comment nous ne sommes pas tombés morts les uns sur les autres ; ou plutôt je le sais bien : la Providence et Marie veillaient sur nous. »

» Le lendemain de l'Assomption, nous fûmes encore obligés de prendre la fuite, mais c'était pour la dernière fois ; notre absence ne dura que jusqu'à la Nativité de Notre-Dame ; l'insurrection était vaincue. Mais que de maux elle a accumulés sur le pauvre Kiang-si ! Que de villages incendiés ! que de familles décimées ! que d'individus, tant païens que chrétiens, disparus, massacrés, torturés ! Pour nous, les privilégiés de la divine Providence, les enfants gâtés de Marie Immaculée, nous voici sains et saufs dans notre résidence ; et Marie continuera d'en être la gardienne. »

Désormais, l'intrépide missionnaire pourra vaquer en toute sécurité à ses fonctions de professeur, de directeur, il montrera autant de zèle à former ses chers enfants à la piété et à la science sacerdotales qu'il a déployé de dévouement et de courage à préserver leur précieuse existence des dangers qui la menaçaient.

M. Rouger devait rester dix-huit ans encore à la tête de son cher séminaire. Ce qu'il y dépensa de zèle, de forces et d'ardeur est prodigieux. Presque toujours seul missionnaire au milieu de ses séminaristes, tandis que ses confrères visitaient leurs

Missions respectives, il était tout à la fois supérieur, économe, directeur, professeur, curé, architecte et jardinier ; de plus, il avait l'administration de la Sainte-Enfance de tout un département, et, quoique assez souvent malade de la fièvre et autres incommodités, son activité savait suffire à tout.

Le séminaire du Kiang-si, commencé par M. Tagliabue, comptait douze élèves lorsque M. Rouger en prit la direction en 1856 ; deux ou trois ans après les deux séminaires réunis comprenaient trente élèves, tant latinistes que théologiens, et tous animés des meilleures dispositions. La bonté bien connue de notre cher confrère ne fut pas étrangère à l'accroissement si rapide d'une œuvre précieuse entre toutes pour la mission ; les chrétiens, qui savaient apprécier son cœur, étaient heureux de lui confier leurs enfants. Latinistes et théologiens formaient cinq divisions : et chaque division avait son heure de classe tous les jours : qu'on juge d'après cela, de l'activité que dut déployer le professeur pour répondre dignement à toutes les exigences de sa charge. Mais, pour M. Rouger, travailler, se fatiguer, s'épuiser, n'était rien, pourvu qu'à ce prix il pût avoir le bonheur de donner quelques bons prêtres à cette chère chrétienté du Kiang-si, où les âmes périssaient par milliers, faute d'ouvriers évangéliques.

D'ailleurs, M. Rouger possédait le secret de ne point sentir le poids du travail ; il aimait tendrement ses élèves, en qui il voyait l'espoir de la Mission ; et lorsqu'on aime, dit saint Augustin, on ne s'aperçoit pas que l'on travaille : *ubi amatur non laboratur.* Chaque jour de la semaine le voyait passer tour à tour de la grammaire latine à la philosophie ; de la philosophie à la théologie ; de la théologie à la liturgie et au chant ; il se multipliait avec les besoins de ses élèves. Seul, il faisait le travail de quatre, et avec cela il trouvait encore du temps pour se perfectionner dans la langue chinoise ; il était maître et élève tout à la fois.

Sa charité décuplait ses forces ; il était tout entier à ses élèves parce qu'il les aimait, et il les aimait parce qu'il voyait en eux de futurs apôtres, qui se préparaient à marcher un jour à la conquête des âmes. M. Rouger était plus qu'un père pour ses élèves, c'était une mère ; il en avait toutes les tendresses et son cœur en ressentait toutes les angoisses, lorsqu'il les voyait menacés de quelque danger ; il l'a bien montré pendant la terrible invasion du Kiang-si par les rebelles.

Cette tendresse vraiment maternelle ne s'arrêtait pas aux besoins de l'âme, elle s'étendait aussi aux besoins et à la santé du corps. Dans une conférence présidée par Mgr Vic, vicaire apostolique du Kiang-si oriental et qui avait trait aux vertus de notre pieux missionnaire, voici comment s'exprime, dans un langage d'une naïveté charmante, notre confrère chinois M. André Yéou, qui fut l'élève de M. Rouger : « Notre vénéré maître nous aimait comme de petits anges ; il ne nous appelait jamais autrement que ses chers enfants. Comme son divin Maître, il n'était pas au milieu de nous pour être servi, mais pour servir; quand nous étions malades, il se réservait de nous soigner lui-même ; il nous apportait la nourriture, les remèdes et les tisanes, lorsque la souffrance nous tenait au lit ; il venait ordinairement à nous avec un bon sourire ; et il nous laissait sur une parole d'encouragement qui nous faisait autant de bien que le remède.

Mais, comment retracer ici le zèle qu'il déployait pour former dans ces jeunes âmes un esprit solidement chrétien et les initier aux vertus sacerdotales? Son esprit, si fécond en ressources de tout genre, prenait mille formes diverses pour leur communiquer la flamme de son dévouement : « Il savait, dit encore M. André Yéou, profiter de toute occasion pour tourner nos cœurs vers Dieu ; quelquefois, par une pieuse et heureuse digression, la classe était interrompue par une conférence spirituelle, et, dans ces moments d'abandon où la bouche parlait de l'abondance du cœur, il faisait passer dans nos âmes comme un souffle du Saint-Esprit ; et nous pouvions dire avec les pieux disciples du Sauveur : *Nonne cor nostrum ardens erat in nobis dum loqueretur in viâ ?* »

Les exhortations du pieux missionnaire émanaient d'une source trop pure pour n'être pas bénies de Dieu ; elles portaient visiblement leurs fruits. Tout le monde était édifié de la tenue exemplaire de ces bons jeunes gens ; on admirait leur maintien grave et modeste ; et leur extérieur habituellement pénétré de la présence de Dieu faisait espérer que l'avenir répondrait à ces heureux commencements. Cet espoir ne fut pas trompé. M. Rouger avait le don de tourner les cœurs vers Dieu ; sa parole toujours si persuasive, jointe à ses exemples, lui donnait un ascendant souverain sur l'esprit de ses élèves ; le bien que sa parole avait commencé, ses exemples l'achevaient ; il eût fallu qu'un cœur se montrât bien rebelle pour que M. Rouger ne sût pas triompher de ses résistances.

Dans un pays infidèle comme la Chine, où les cœurs sont pour ainsi dire ancrés à la matière, et toutes les pensées rivées à la terre, le côté extérieur de la religion, là surtout, n'est pas à négliger : il joue un grand rôle dans l'extension du règne de Dieu sur la terre.

Il faut parler aux sens pour parvenir jusqu'à l'âme ; le beauté du culte, la splendeur des cérémonies, préparent les voies de l'Esprit-Saint ; elles disposent l'âme à recevoir la grâce, elles éveillent dans l'esprit l'idée de Dieu et de ses infinies perfections.

Le zélé missionnaire n'eut aucune peine à le comprendre ; aussi le voyons-nous toujours pieusement attentif à donner au culte divin cette beauté grave, cette majestueuse ampleur qui élève l'âme, l'affranchit des liens terrestres et lui fait entrevoir dans un monde supérieur la splendeur de la divinité. Le maître de cérémonies du grand séminaire de Sens se retrouve tout entier dans le directeur du séminaire de Kiou-tou et de Tsi-tou ; « il veut que ses élèves s'habituent à accomplir les cérémonies saintes d'une manière digne de Dieu ; il ne saurait se contenter de la médiocrité, il lui faut la perfection. » Il met tout son cœur à leur apprendre à bien chanter les prières du matin et du soir, le rosaire et autres prières de la journée ; « et, grâce à sa persévérante patience, ces chers enfants étaient parvenus à chanter leurs prières avec tant d'ensemble que, malgré le peu d'aptitude des Chinois pour l'harmonie, les trente voix ne faisaient qu'une seule voix ». C'est M. Rouger lui-même qui se plaît à rendre ce témoignage à ses chers élèves. « Comme tu serais édifiée, écrivait-il à une de ses sœurs, si tu pouvais entendre une fois seulement comment, après les vêpres de la sainte Vierge, nous faisons résonner les *Ave Maria*, les *Memorare*, les *Sub tuum præsidium* et les *Refugium peccatorum* pour la conversion des infidèles, j'en suis sûr, l'entrain, la ferveur de nos jeunes gens, l'ensemble de ces trente voix chantant à l'unisson, te jetteraient dans un véritable ravissement. »

C'était une œuvre de patience pour M. Rouger que de conduire à la prêtrise les jeunes néophytes ; on les lui amenait « ne sachant ni *a* ni *b* », et il fallait en faire des hommes, des chrétiens, des prêtres. Toutefois ce travail n'était pas sans consolation ; de temps en temps notre courageux confrère recevait la récompense de son zèle. Qu'il était heureux de conduire à l'autel quelques-uns de ses chers élèves, pour y recevoir l'onction sainte ! Laissons-le exhaler son bonheur dans le sein de sa famille qui était demeurée la confidente de toutes ses joies : « Quatre de mes jeunes gens ont été ordonnés diacres à Pâques ; en ce moment je les prépare à recevoir la consécration sacerdotale pendant la semaine de la Pentecôte ; ce sont bien mes enfants, je vous l'assure, je les forme depuis douze ans ou quinze ans ; et je les aime en proportion de ce qu'ils m'ont coûté et du bien que j'attends de chacun d'eux. » Les sueurs du pieux missionnaire ne furent donc point stériles ; malgré le malheur des temps, en dépit des circonstances d'une gravité exceptionnelle qui marquèrent ses débuts comme directeur du séminaire, il eut la consolation de donner neuf prêtres à la Mission du Kiang-si ; plusieurs sont entrés dans la Compagnie ; les autres sont pour nos confrères de Chine d'utiles et précieux auxiliaires dans l'œuvre de régénération qu'ils poursuivent avec tant de dévouement.

M. Rouger était un ouvrier infatigable ; la charge, déjà si lourde de directeur de deux séminaires, ne suffisait pas à l'ardeur de son zèle ; dans le directeur et le professeur il y avait encore le curé et le pasteur des âmes. Le village de Kiou-tou, sur lequel se trouvait primitivement le séminaire, et celui de Tsi-tou situé à une demi-lieue de Kiou-tou, possédaient deux chrétientés assez florissantes, qui étaient à la charge de M. Rouger, et les deux chrétientés réunies ne comptaient pas moins de trois cents chrétiens adultes.

L'église servait à deux fins ; une partie était affectée au séminaire et l'autre, plus considérable, était réservée aux chrétiens de l'endroit. Le temps que M. Rouger ne donnait pas à ses élèves était consacré aux besoins des deux chrétientés de Kiou-tou

et de Tsi-tou. Confessions, instructions, catéchismes, visites aux malades, administration des
moribonds, baptêmes, mariages, enterrements, tous
les devoirs en un mot d'un curé ayant charge
d'âmes rentraient dans ses attributions. Jamais
prêtre ne sut mieux faire aimer la religion que
notre vénéré confrère, partout où il eut à exercer
son zèle. Il y avait dans sa parole, dans les accents
de sa voix, dans ses gestes, dans le jeu de sa physionomie, dans toute sa personne un je ne sais quoi
de divin auquel rien ne résistait et qui faisait péné-
trer l'amour de notre sainte religion dans tous les
cœurs. Il faisait tout ce qu'il voulait de ses bons
néophytes; sur une simple recommandation, sur
une simple parole sortie de sa bouche, ils étaient
prêts à tout braver, mandarins et persécutions.

A l'aide de ses séminaristes qu'il avait formés
consciencieusement aux cérémonies « et qui pouvaient rivaliser pour la précision et la gravité avec
leurs frères les élèves du grand séminaire de Sens,
les offices du dimanche étaient célébrés avec une
dignité incomparable. »

Aux grandes fêtes de l'année, telles que l'Immaculée-Conception, l'Épiphanie, Pâques, Noël, l'Assomption de la très sainte Vierge, la modeste église
était resplendissante, et tous les cœurs surabon-
daient de joie, tous ces bons chrétiens se croyaient
transportés au ciel. « Je vous édifierais bien, dit-il
dans une lettre à un ami de France, si j'avais le
temps de vous parler de la manière dont nous avons
célébré la fête de l'Immaculée-Conception, de Noël,

de l'Épiphanie, du Saint-Sacrement; il fallait voir l'entrain de mes séminaristes et de mes paroissiens en ces solennités. Nous avons déployé tout ce qu'il y avait de plus magnifique ; nous avons eu des fêtes telles que vous n'en avez peut-être jamais vues à Auxerre, je me croyais transporté dans quelqu'une de nos belles églises de France; j'aurais volontiers versé des larmes de joie en chantant la préface, l'*Adeste fideles* et en répondant aux *alleluia* sans fin d'un cantique chinois sur la naissance de Notre-Seigneur et que nos chrétiens, contrairement à leurs habitudes nasillardes et discordantes, exécutent vraiment avec âme et ensemble. A la messe de minuit, bien qu'il m'ait fallu renvoyer je ne sais combien de personnes sans confession, faute de temps, j'ai eu cent trente communions. Le jour de l'Immaculée-Conception, après les fêtes de l'Église, les réjouissances populaires ont revêtu un caractère vraiment féerique, illuminations, décharges de mousqueterie, fusées, feux d'artifice, rien n'y a manqué. A la Fête-Dieu, nouveau déploiement de magnificences ; procession autour de notre résidence; trois reposoirs décorés avec goût, sur lesquels brûlaient des centaines de chandelles rouges. Pendant cette marche triomphale de Notre-Seigneur, qui semblait fouler aux pieds la puissance des démons, la joie inondait mon âme. »

Professeur et curé, M. Rouger était encore, à l'occasion, architecte et maçon ; il avait le génie de la construction. Pendant les vingt ans qu'il est resté à la tête du séminaire, il dut changer plusieurs fois de résidence. Après la défaite des rebelles, le village de Kiou-tou n'était plus qu'un monceau de ruines ; de plus, on pouvait craindre une nouvelle invasion de barbares : pour cette raison, le séminaire fut transféré près de Kiou-kiang, à une lieue de la ville, dans le voisinage des vapeurs européens qui protégeaient le commerce de leurs nationaux. Là, dans cette paisible solitude, à l'abri de tout danger et loin des bruits du monde, ses élèves pouvaient, librement et en toute sécurité, vaquer à leurs études et à la prière. Dans les lettres de nos missionnaires, cette résidence est désignée sous le nom de Séminaire de Nazareth. En 1868, nouveau changement de résidence, le séminaire revient de Kiou-kiang à Tsi-tou, près de Kiou-tou ; ici le séminaire prend le nom de Séminaire Saint-Joseph. Or, chaque changement de résidence nécessitait de nouvelles constructions ; il fallait bâtir. Dans ce genre d'opérations, M. Rouger déploya les aptitudes d'un homme du métier ; il mettait tous ses chrétiens sur pied ; tous les bras manœuvraient à l'envi ; et bientôt, église, oratoire, résidence, orphelinat, semblaient surgir de terre comme par enchantement. Mais, « il y a un jour dans sa vie d'architecte qui lui apporta une joie ineffable ». Dans un gros village où M. Rouger était en train de bâtir, une famille païenne venait de se convertir à la religion chrétienne, et pour éviter au missionnaire des frais de construction, elle avait mis à sa disposition le temple de ses ancêtres, pour qu'il le transformât en église chrétienne. Fût-il heureux en ce jour de mettre Notre-Seigneur à la place de Satan ! « Si vous aviez vu, disait-il à un de ses amis, avec quelle ardeur je faisais dégringoler tous ces vilains pou-ssas de leurs niches et de leurs piédestaux ! avec quelle joie je les faisais déguerpir par les fenêtres ! quelle contredanse le diable a vue ce jour-là ! »

Mais « il faut que l'apôtre vive »; le temporel est inséparablement lié au spirituel. D'ailleurs, les élèves du séminaire, latinistes et théologiens, étaient à la charge de la Mission : force était de les nourrir, et de les vêtir ; et les allocations annuelles de la Propagation de la Foi étaient loin de suffire à l'entretien de ces jeunes gens. Il devenait donc nécessaire d'alléger autant que possible les charges qui pesaient sur le maigre budget de la pauvre province du Kiang-si ; c'est encore à M. Rouger qu'est réservé le soin d'améliorer cette situation embarrassée. Fils de cultivateur, « la terre n'est pas une étrangère pour lui ; on se connaît depuis longtemps ». Il acheta une ferme « où il y avait montagnes et vallées, et ruisseaux serpentant dans la prairie », et grâce à la bonne direction qu'il sut donner à ses domestiques, cette exploitation pouvait suffire à l'entretien de quarante personnes. Outre le riz, qu'il récoltait en abondance, il récoltait encore du blé, de l'orge, du sarrasin, du colza, du coton, du thé, des fèves, des patates douces, de la salade. « Ton frère, écrivait-il à une de ses sœurs, est revenu à son premier métier ; le voilà fermier, cultivateur, jardinier, il mange de la salade tous les jours, n'est-ce pas un luxe ! et peut-être que bientôt il pourra manger du pain ; sur mes indications notre cuisinier s'exerce à petrir la pâte, et les premiers essais nous donnent bon espoir qu'il réussira. »

Le dévoué missionnaire était heureux au milieu des emplois si variés qui absorbaient tous ses instants, parce qu'il faisait la volonté de Dieu et qu'il contribuait, indirectement, au salut des âmes ; mais, s'il eût obéi aux impulsions de son cœur, il eût préféré les missions ; sur ce théâtre tout apostolique il eût opéré des prodiges. Mais l'obéissance était là ; il n'y avait personne pour le remplacer au séminaire. Il était résigné sans doute ; mais son cœur d'apôtre se sentait à l'étroit dans les petits villages de Kiout-sou et de Tsi-tou. Aussi, lorsque quelqu'un de ses confrères venait, à la suite de longues pérégrinations à travers cette immense province du Kiang-si, passer quelques jours à la résidence pour se reposer, M. Rouger ne manquait jamais de profiter de cette heureuse rencontre pour aller visiter les Missions voisines. « Il n'était jamais plus heureux que, lorsque au milieu de ses pauvres néophytes, il s'escrimait à parler comme eux pour les conserver à Notre-Seigneur et aussi pour aider les païens leurs voisins à entrer dans la voie de la vérité. » Une fois entre autres, étant allé visiter un gros bourg où il n'y avait pas dix chrétiens, il revenait huit jours après, laissant dans cette localité cent baptisés et quarante catéchumènes « formés à toutes les observances de notre sainte religion », sans parler d'un grand nombre de païens et même de villages entiers que sa seule présence avait extraordinairement remués; « il eût voulu brûler jusqu'au dernier pou-ssas et nettoyer la Chine de toutes ses diableries. »

Nous ne voudrions pas revenir sur les qualités douces et aimables du si regretté missionnaire que pleurent encore tous nos confrères de Chine; nous ne pouvons taire cependant les prévenances pleines de tendresse dont il environnait ses confrères, lorsqu'il les voyait revenir de leurs lointaines et périlleuses missions, où ils avaient combattu le bon combat. Il était ingénieux à leur procurer d'agréables délassements; il était heureux surtout lorsqu'il pouvait mettre un peu de joie au cœur du bon M. Anot, son supérieur, qui fut, à plusieurs reprises, pro-vicaire du Kiang-si et que tous nos missionnaires vénèrent aujourd'hui comme le vétéran des Missions de la Chine. Un jour donc, M. Rouger résolut de lui causer une agréable surprise. Dans ce but, il écrit à sa sœur Madeleine, aux Montmartins : « Mon supérieur va entrer dans sa cinquantième année, et, à cette occasion, je voudrais lui chanter *quelque chose de la patrie*. Comme c'est un enfant de Notre-Dame de Liesse, envoie-moi le cantique de Notre-Dame de Liesse, tu pourras y joindre les complaintes, que tous ensemble étant enfants nous chantions sous le manteau de la cheminée; notamment celle de Geneviève de Brabant, de Joseph vendu par ses frères, du Juif errant, du Mauvais riche et d'Adam et Ève chassés du Paradis terrestre. Mes séminaristes apprendront tout cela par cœur, et lorsque ce bon supérieur reviendra de sa mission, nous lui exécuterons une sérénade capable de lui faire tinter les deux oreilles. » Le programme s'exécuta à la lettre, au grand ébahissement de M. Anot, qui n'en pouvait croire ses oreilles et qui oublia soudain toutes ses fatigues et toutes ses tristesses.

Nous n'en finirions pas, si nous voulions rapporter tous les traits d'amabilité dont notre cher confrère était coutumier; nous terminerons cette période de la vie du pieux missionnaire par l'appréciation de notre cher confrère, M. Glau, qui résume admirablement les vingt-trois années de M. Rouger au séminaire du Kiang-si.

« J'ai été ordonné prêtre avec Mgr Rouger en 1852, et c'est au mois de mars 1857 que je le retrouvai dans le Kiang-si, au séminaire de Kieu-tou, où je devais prendre sa place, suivant la décision de Mgr Danicourt, vicaire apostolique. Comme je tombai gravement malade presque aussitôt après mon arrivée, M. Rouger dut rester pour continuer ses cours. C'est là que j'ai eu l'avantage de le connaître intimement pendant près de deux ans, et de pouvoir apprécier son zèle admirable et ses vertus apostoliques. D'une charité infatigable envers ses confrères, il n'était préoccupé que de leur être agréable. Pendant que j'étais étendu sur ma natte et languissant à la suite des fièvres, il venait me visiter souvent dans la journée et me procurer la jouissance de réciter l'office en commun, quand je pouvais le faire. Je n'ai rencontré nulle

part de confrère plus exact que lui pour l'observance des règles. Ni les inconvénients du climat, ni
les événements extérieurs qui se succédaient fré-
quemment dans ces années si agitées, rien ne pouvait le détourner du lever de quatre heures, du
silence ni des exercices de piété. Le sujet habituel
de ses conversations était le désir du martyre, le
souvenir de son séjour à la maison-mère et des
bons exemples qu'il y avait remarqués. Il aimait
beaucoup à s'entretenir avec les anciens missionnaires de l'état des chrétientés qu'il n'avait pas
encore visitées et des moyens à prendre pour y faire
du bien.

« Le soin des séminaristes l'occupait aussi beaucoup, et je sais qu'il savait leur donner les meilleurs
conseils. Tout en les maintenant avec fermeté sous
la discipline, il savait se montrer envers eux d'une
extrême bonté. L'œuvre de la Sainte-Enfance était
l'œuvre de son cœur ; il surabondait de joie lorsqu'il
apprenait qu'une pauvre petite créature avait été
arrachée à une double mort. Je me rappelle que,
pendant une nuit affreuse, à travers le déchaînement
des éléments, il entend des gémissements près de
notre demeure ; il s'élance au milieu des ténèbres et
il a le bonheur de rencontrer un gros bébé d'environ
deux ans, que des parents dénaturés étaient venus
déposer à notre porte. Il s'empressa de le baptiser
en lui donnant son nom. Il aimait beaucoup à se
rendre dans les chrétientés voisines pour s'informer
de l'état des enfants recueillis et donner des conseils
à ceux qui en prenaient soin. »

Étant allé en mission en 1868, il eut beaucoup à souffrir du côté des privations, de l'insalubrité du climat, mais beaucoup plus encore du côté des rebelles qui lui ravirent tout ce qui était à son usage, le dépouillèrent même de ses vêtements et lui firent subir une foule de mauvais traitements. »

Mais, les travaux de nos courageux missionnaires commençaient à porter des fruits abondants ; le Kiang-si, si cruellement éprouvé, se relevait de ses ruines : églises, chapelles, orphelinats, résidences surgissaient de tous les points de cette immense province ; le sang de tant de fidèles adorateurs du vrai Dieu, immolés à la fureur jalouse du démon, était devenu une semence de chrétiens, *sanguis martyrum semen christianorum ;* de nombreuses chrétientés nouvelles avaient pris la place des anciennes chrétientés décimées par le fer et le feu ; la moisson s'annonçait abondante ; et un seul vicaire apostolique ne pouvait plus suffire à l'administration de ce vaste district. C'est alors que, sur la demande de Mgr Bray, évêque de Légion et vicaire apostolique de tout le Kiang-si, la Congrégation de la Propagande divisa la province en deux vicariats apostoliques : Mgr Bray conserva l'administration du vicariat apostolique du Kiang-si septentrional, et le vicariat du Kiang-si méridional fut confié à M. Rouger avec le titre de pro-vicaire. C'est sur ce nouveau théâtre que nous allons voir à l'œuvre le zélé missionnaire.

X

1879-1883

MGR ROUGER AU KIANG-SI MÉRIDIONAL, JUSQU'A SON ÉLÉVATION A L'ÉPISCOPAT

Arrivée de M. Rouger au Kiang-si méridional; population et état du vicariat. — Premières épreuves. — Obstacles pour construire une résidence. — Persécutions contre les nouveaux convertis. — Inondations. — Charité du vicaire et ses heureux résultats. — Progrès de l'Évangile. — Création d'une résidence centrale et d'une église dédiée à Notre-Dame des Victoires.

Le bref apostolique autorisant la division du Kiang-si en deux vicariats, et nommant M. Rouger pro-vicaire du Kiang-si méridional, porte la date du 19 août 1879; il fut expédié le 3 septembre de la même année et arriva en Chine dans le courant de décembre. M. Rouger était nommé pro-vicaire sans caractère épiscopal, du moins pour le moment. Dans le courant de janvier 1880, il était à son poste et fixait sa résidence à Ki-ngan, la deuxième préfecture de son vicariat. Le Kiang-si méridional est la partie la plus insalubre et la plus périlleuse de toute la province. A cette époque, elle en était aussi la plus délaissée, aucun vicaire apostolique n'ayant pu s'y fixer, ni même aller visiter les chrétiens disséminés dans une cinquantaine de villages.

Ce vicariat comprend quatre départements, dont les préfectures ou villes murées de premier ordre sont : Kan-tcheou, Ki-ngan, Ning-tou et Nan-ngan. Ces quatre départements se divisent en vingt-six arrondissements, dont les chefs-lieux sont des sous-préfectures ou des villes murées de second ordre. La population, qui est de huit à dix millions d'habitants, ne comptait en 1879 que trois mille chrétiens, sans église, sans prêtre, sans presbytère, sans école, sans aucun secours religieux.

Le nouveau pro-vicaire apostolique n'amenait avec lui que deux confrères français et M. Yuen, confrère chinois. C'était un bien petit nombre d'ouvriers pour défricher un aussi vaste champ; il eut besoin de se rappeler « que les apôtres n'étaient que douze, quand ils entreprirent la conquête du monde ». En présence de cette pensée de foi, M. Rouger sentit son cœur se remplir d'une sainte audace; aucun obstacle ne lui paraissait insurmontable. D'ailleurs, tout en tenant compte des moyens humains, il attendait tout des moyens divins : « Ses principaux ouvriers évangéliques étaient Marie Immaculée, le bon saint Joseph, les saints Anges et son bienheureux père saint Vincent. »

La création du vicariat apostolique du Kiang-si méridional est une des œuvres les plus hardies qui aient été tentées et exécutées en Chine, depuis que l'Évangile a pris pied dans ce pays. Lorsqu'on considère le peu de ressources dont pouvait disposer le

nouveau pro-vicaire et les difficultés de tout genre
avec lesquelles il se vit aux prises, en arrivant dans
sa mission, on se demande comment un seul homme,
presque toujours malade et n'ayant pour auxiliaires
que des confrères aussi étrangers à la langue du
pays que peu aguerris aux fatigues de l'apostolat,
ait pu conduire une telle œuvre à bonne fin. Si l'on
compare le Kiang-si méridional d'aujourd'hui avec
ce qu'il était avant l'arrivée de M. Rouger, si l'on
considère tout ce qui s'est fait dans ce vicariat,
durant le court espace de six ans, on ne pourra s'empêcher de dire, avec saint Vincent, le doigt de Dieu
est là, *digitus Dei est hic.*

Notre courageux confrère trouva tout à faire en
arrivant : il ne possédait ni une pierre pour reposer
sa tête ni un pied-à-terre pour y planter sa tente. Il
trouva surtout beaucoup à souffrir : son apostolat fut
un combat et un martyre. Tout paraissait conspirer
contre l'œuvre qu'il voulait fonder. Il eut à lutter
contre la maladie, contre la rage jalouse du démon,
contre l'astuce et la fourberie des mandarins, contre
le découragement de ses confrères ; le Ciel lui-même
semblait se déclarer contre lui ; car au mauvais vouloir des hommes vinrent se joindre des fléaux de
toute sorte. Mais M. Rouger était de ces hommes qui
visent droit au but, sans s'inquiéter des obstacles ;
il s'était dit : « Dieu le veut, et en avant ! dût-on y
laisser sa peau ! »

La croix l'attendait au seuil même de sa mission.
Que les jugements de Dieu sont parfois impénétrables ! M. Rouger arrivait au Kiang-si méridional

plein d'ardeur, et bien résolu à livrer au plus tôt bataille à l'ennemi, mais Dieu, qui se plaît à déjouer les conceptions humaines et à faire éclater sa puissance par l'infirmité et la faiblesse, en avait décidé autrement. Au lieu de lancer contre les légions infernales ce courageux athlète, si bien armé pour le combat, il le cloua sur un lit de douleur et le réduisit pendant plus d'un mois à une complète immobilité. En effet, au début de sa mission sur cette terre inhospitalière, notre cher confrère avait été obligé de s'installer dans une pauvre vieille masure, construite de terre cuite au soleil; on conçoit qu'une telle habitation devait laisser beaucoup à désirer, au point de vue de la salubrité, surtout pendant la saison des pluies. Il l'expérimenta à ses dépens; obligé de passer les nuits entre ces quatre murs où l'humidité suintait de toutes parts, il contracta une maladie qui le conduisit aux portes du tombeau ; il lui vint derrière la tête un abcès plus gros qu'un œuf de poule, qui lui fit endurer des souffrances atroces pendant quarante jours. On allait l'administrer, lorsque, par un bonheur inattendu, et « grâce à la tendresse de Marie, qui voulut sans doute suppléer à l'incapacité des médecins chinois, l'abcès perça » et, quinze jours après, le moribond était devenu convalescent.

Cette épreuve, au lieu d'abattre son courage, ne fit qu'augmenter sa confiance en Dieu. M. Rouger n'aurait pas été lui-même si sa foi ne lui eût montré, dans la croix, un présage d'heureux augure pour son apostolat.

A peine rétabli et « purifié par le feu de l'épreuve

pour devenir un instrument digne de Dieu, il se mit à l'œuvre avec tout le zèle que peut inspirer un dévouement sans bornes aux intérêts de Dieu et des âmes, et, dès le milieu de l'année 1881, il avait déjà créé, dans cette contrée entièrement vouée au culte du démon « quatre-vingts stations ou paroisses commencées, sans compter une douzaine d'autres qui étaient en voie de formation. »

Mais le démon, « qui n'était pas content et qui ne pouvait se résigner à voir ses victimes lui échapper, suscita une persécution atroce contre les nouveaux convertis. » Leurs biens furent confisqués et leurs maisons incendiées ; un grand nombre furent arrêtés, appliqués à la torture et jetés dans les prisons, où ils restèrent de longues années malgré les démarches faites pour obtenir leur élargissement. Comme le cœur du pauvre missionnaire souffrait ! Les seize mille coups que l'on déchargea sur le corps de ces infortunés retentirent bien cruellement au fond de son cœur ; la pensée de ses chers néophytes enfermés dans les prisons et endurant des supplices inouïs « était pour lui un poids qu'il ne pouvait définir », il eût bien volontiers pris leurs chaînes pour souffrir à leur place.

Cependant cette rage de persécution finit par se calmer, mais de nouvelles angoisses non moins poignantes que les premières vinrent assaillir le cœur déjà si éprouvé du généreux missionnaire. Un fléau épouvantable, l'inondation, envahit subitement cette malheureuse contrée, entraînant dans la violence de ses flots, moissons, rizières, troupeaux, maisons et des familles entières. Trois grands arrondissements furent victimes du fléau, des centaines de familles se trouvèrent sans abri, sans vêtements, sans un seul grain de riz pour se nourrir, n'ayant plus que leurs yeux pour pleurer. En présence d'une telle calamité, la douleur du missionnaire ne connut plus de bornes, elle n'eut d'égale que sa tendre compassion pour tant d'infortunés. C'est alors que du fond de la Chine il poussa ce cri de détresse que toute la France a entendu et qui fit tressaillir tous les cœurs catholiques.

Humainement parlant, un pareil désastre devait anéantir la mission du Kiang-si méridional dans son berceau; mais dans les desseins de Dieu, elle devait donner accroissement à cette chrétienté naissante. En effet, à l'aide des aumônes qui arrivèrent promptement et en assez grande abondance, le pro-vicaire apostolique commença par pourvoir aux nécessités les plus pressantes, distribua du riz et des vêtements aux pauvres inondés, releva leurs maisons, recueillit tous les enfants que le fléau avait rendus orphelins et les confia à des maîtres chrétiens et à des maîtresses chrétiennes. Il fut, en un mot, dans cette province si éprouvée, ce que fut autrefois le patriarche Joseph pendant la famine qui régnait en Égypte.

Mais, c'est ici qu'apparaît le doigt de Dieu. Dans la distribution de ses aumônes, le bon missionnaire, n'écoutant que sa charité, ne distinguait pas entre païens et chrétiens; il répondait au cri de la souffrance de quelque côté qu'il vînt; sa bonté lui gagna le cœur d'un grand nombre de familles païennes et lui donna en quelque sorte droit de cité dans la grande ville de Ki-ngan.

Ce résultat inespéré lui procura une immense consolation. « Que la Providence est admirable ! disait-il en cette occasion ; depuis nos épreuves et nos désastres, nous sommes mieux connus, on vient davantage à nous, on demande à s'instruire ; la grâce souffle, c'est visible. » Ce qui excitait surtout sa reconnaissance, c'est que, après avoir paré aux nécessités les plus pressantes, il put, avec le surplus des aumônes venues de France, construire dix chapelles publiques sur différents points de son vicariat, qui en était totalement dépourvu. De plus, il eut la joie de jeter les premiers fondements de l'œuvre qui absorbait toutes ses pensées : la construction d'une résidence et d'une église. Cette œuvre lui demanda deux années de travaux et de sollicitudes ; et lorsque, en 1883, Mgr. Delaplace vint faire la visite de la province en qualité de commissaire extraordinaire, il eut sous les yeux le plus ravissant spectacle qui puisse réjouir un cœur d'évêque et d'apôtre. Là où, quatre ans auparavant, Satan régnait en maître en plein pays païen, Notre-Seigneur avait une église monumentale, et autour de cette église se groupaient, avec une symétrie qui charmait le regard, une résidence centrale pour les missionnaires, des écoles pour les enfants des deux sexes, un petit séminaire et un orphelinat. En présence de ce résultat, l'âme de M. Rouger ne pouvait contenir les élans de sa reconnaissance.

« Qui eût jamais pu penser, disait-il à un de ses bienfaiteurs, que de telles calamités se seraient changées en de pareilles bénédictions ? »

Mais ce ne fut pas sans peine qu'il réussit à réaliser ce projet si cher à son cœur. Les mandarins et les lettrés ne voyaient pas sans dépit l'évangile se substituer à leurs vieilles superstitions ; ils employèrent la ruse et la violence pour faire échouer les desseins du zélé missionnaire ; ils lui suscitèrent mille tracasseries, mille entraves, jusqu'à confisquer, sans autre forme de procès, les terrains achetés et les matériaux préparés pour la construction. Mais ils avaient compté sur l'indomptable énergie de leur adversaire. En présence de son attitude ferme, hardie et résolue, ils durent capituler et restituer les terrains si injustement et si indignement confisqués. Le jour où il obtint gain de cause sur ses ennemis fut un beau jour pour lui. « Maintenant, écrivait-il à un ami de France, maintenant qu'au péril de notre vie et par une protection visible de la très sainte Vierge et de notre bon père saint Joseph, nous avons gagné une grande victoire sur les mandarins, les lettrés et tous les diables de l'enfer, nous voulons au plus vite fonder des établissements qui fassent honneur à Notre-Seigneur et à sa sainte Église, nous voulons entreprendre des œuvres qui gagnent le cœur des populations, après avoir frappé les yeux et excité l'admiration ; la sainte Vierge aura une belle église, et cette église s'appellera, selon le vœu de notre très honoré père M. Fiat, Notre-Dame des Victoires. »

C'est sur ce monument dédié à la très sainte Vierge que le pieux missionnaire va désormais concentrer toutes ses· pensées et ses affections, et, parce qu'il était un hommage de reconnaissance à Marie sa bonne mère, il voulait que rien n'y manquât : « son église devait êtré la merveille du pays. » La croix qui la domine devra s'élever bien haut dans les airs pour attester la prise de possession de cette province par Notre-Seigneur. Il lui fallut des cloches, un horloge monumentale comme celle de Saint-Lazare, une orgue pour accompagner le chant ; et tout cela lui arriva comme par enchantement, « comme si les anges se fussent chargés du transport. » Lorsque dans la suite les voix argentines de ces deux messagères de la prière annonceront l'heure du saint sacrifice, l'église s'emplira de chrétiens, et les païens eux-mêmes descendront de leurs montagnes, s'entasseront aux portes pour voir célébrer Celui qu'ils appellent déjà leur père·

Cette époque fut pour M. Rouger une période de paix ; il en profita pour élargir le cercle de son ministère apostolique. L'évangile faisant son chemin gagnait chaque jour du terrain et ralliait des villages entièrement voués au culte des idoles. Un catéchiste évangélisant ouvrait la marche, portant avec lui quelques médecines et quelques petits livres de doctrine. Après le catéchiste, venait le missionnaire qui baptisait ; puis, après le missionnaire, passait le vicaire apostolique qui confirmait, et si sa bourse n'était pas à sec, il érigeait un oratoire servant d'école et de résidence pour le prêtre

11.

en cours de visite. Partout où il passait, le zélé
Missionnaire jetait « son petit grain de senevé », et
en moins de quatre ans il était venu à bout de fonder
cent cinquante stations, ou paroisses commencées.
Tel était l'état vraiment prospère de la mission du
Kiang-si méridional, lorsque, après la visite de
1883, et dans le but de donner une impulsion nouvelle à ce mouvement des esprits vers notre sainte
religion, Nosseigneurs Delaplace et Bray proposè-
rent d'un commun accord M. Rouger pour l'épiscopat.

XI

1883-1886

ÉPISCOPAT DE MGR ROUGER

Élévation de M. Rouger à la dignité épiscopale. — Première
persécution au Kan-tcheou. — Deuxième persécution. —
Fuite de Mgr Rouger. — Ses œuvres. — Sa piété exemplaire.

Les deux décrets par lesquels notre Saint Père
le Pape Léon XIII nommait M. Rouger vicaire
apostolique du Kiang-si méridional et évêque titulaire de Cissame arrivèrent à Ki-ngan le 10 décembre ; et le 27 avril 1884, jour où l'on célébrait
la fête du patronage de Saint-Joseph et l'octave de
la Translation des reliques de saint Vincent, notre

pieux confrère recevait la consécration épiscopale des mains de Mgr Bray, dans la cathédrale de Notre-Dame des Victoires.

C'est ici que commence l'ère des grandes épreuves pour notre regretté confrère. Tout en rendant hommage à la droiture d'intention de cet ouvrier infatigable, qui eût donné sa vie et versé tout son sang pour le salut d'une âme, il serait peut-être permis de penser que son zèle a manqué de mesure. La prudence, ce semble, aurait dû lui conseiller, vu les circonstances, de s'en tenir, du moins pour le moment, aux résultats obtenus avec tant de peine, et de limiter son action aux positions conquises. La rupture entre le Céleste Empire et le gouvernement français; l'état de surexcitation où se trouvaient les esprits à la suite des événements du Tonkin; la haine des mandarins qui ne pouvaient lui pardonner d'avoir bravé leur influence et leur autorité, en fondant des établissements au cœur même de la superstition, étaient autant d'avertissements qui lui conseillaient de donner moins d'éclat à son zèle. Mais, avec cette foi ardente et ces convictions profondes et inébranlables qui formaient comme le fonds de son tempérament moral, Mgr Rouger n'était pas homme à s'arrêter devant des considérations d'un ordre purement humain : entre le salut des âmes et le sacrifice de sa vie, il n'hésita pas un instant : « Ces dix millions d'âmes m'appartiennent, disait-il, Dieu me les a confiées, ce sont mes enfants, j'en rendrai compte un jour : *Væ mihi si non evangelizavero.* »

Dans ces dispositions, l'intrépide évêque porta ses vues sur Kan-tcheou, la première préfecture de son vicariat, et qui n'avait pour oratoire qu'une pauvre et vieille masure, insuffisante de tous points aux besoins du culte ; il veut que Kan-tcheou soit doté des mêmes établissements que Ki-ngan.

Quelques jours après son sacre, il part en compagnie d'un prêtre chinois, pour Long-tsiuen, un des gros villages du Kan-tcheou, dans le but de réparer ce vieil oratoire, et d'ériger un orphelinat destiné à donner un asile et l'instruction religieuse à une soixantaine d'enfants recueillis par l'Œuvre de la Sainte-Enfance. Mais, le pauvre vicaire apostolique était à peine arrivé, qu'une troupe de scélérats, excités par les autorités, se jettent avec une fureur diabolique sur l'évêque, le renversent dans la boue, lui arrachent ses souliers, sa calotte, ses vêtements, le traînent dans les fossés en le tirant par les cheveux, par les bras, par les pieds. Parmi ces forcenés, les uns l'accablent de coups et menacent de le tuer ; les autres le couvrent de terre pour l'enterrer tout vivant ; quelques-uns cherchent à lui crever les yeux avec leurs ongles crochus. De l'aveu du confesseur de la foi, ce dernier supplice fut le plus douloureux de tous. Pendant ce temps-là, une autre bande se livrait au pillage : lits, couvertures, argent, livres, ornements d'église, vases sacrés, tout devint la proie de ces bandits ; l'oratoire fut saccagé et rasé jusqu'au sol. Un bon vieillard païen du voisinage, touché de compassion, vint prendre la défense du confesseur de la foi, et réussit, par ses efforts et l'autorité de ses cheveux blancs, à l'arracher à la fureur de ces monstres à face humaine et à le faire entrer dans sa maison. » Oh! que le bon Dieu daigne lui donner la foi, écrivait le zélé missionnaire, en récompense de son dévouement, car sans lui j'étais mort; il poussa la charité jusqu'à la tendresse; me voyant nu-tête et exposé aux ardeurs du soleil, il me prêta son petit bonnet, au risque d'être lui-même incommodé par la chaleur; me voyant sans souliers et dans l'impossibilité de marcher au milieu des cailloux, il tira ses souliers pour me les donner et se mit à marcher nu-pieds à côté de moi. Puis, après m'avoir servi à boire et à manger, il alla avertir les chrétiens du lieu de ma retraite, et on me remit sur la route de Ki-ngan. »

En lisant ces détails si émouvants, ne croirait-on pas voir l'accomplissement de la promesse divine faite aux cœurs bons et miséricordieux : *Beatus vir qui intelligit super egenum et pauperem, in die mala liberabit eum Dominus*. Il est facile de deviner quels durent être les sentiments du saint confesseur de la foi au milieu des tourments qu'on lui fit endurer : douce et sainte victime, il s'abandonna à la brutalité de ses bourreaux comme un tendre agneau qui se laisse égorger sans se plaindre. La prière était sur ses lèvres et le pardon dans son cœur; comme le saint martyr Étienne, il disait de bouche comme de cœur : *Domine ne statuas illis hoc peccatum*.

Ces sentiments, il les a exprimés lui-même dans le compte rendu qu'il nous a laissé de cette persécution. « Enfin, concluait-il, après une longue et pénible marche, je suis rentré dans notre résidence de Ki-ngan, le corps brisé, les membres disloqués, un bras presque paralysé, l'estomac creux, mais l'esprit calme et tranquille, et tout disposé à prier pour les malheureux qui m'ont tant maltraité : aidez-moi à remercier Notre-Seigneur de tout se qui m'est arrivé. »

Mgr Rouger ne s'est jamais entièrement remis de cette terrible secousse. A dater de ce jour, sa santé fut fortement ébranlée ; il fit même une maladie assez grave pour déterminer M. le supérieur général à le rappeler en France. Mais ayant été guéri presque miraculeusement par l'intercession du vénérable Perboyre, le courageux missionnaire voulut rester à son poste.

La persécution avait bien pu briser ses forces, elle n'avait pas réussi à abattre son courage. Kan-tcheou était devenu l'objectif et le point de mire de son zèle apostolique ; ayant échoué sur un point, « il porta ses armes » sur un autre point de ce département inhospitalier ; ainsi, il accomplissait à la lettre la recommandation de Notre-Seigneur à ses apôtres : *Cum vos persequentur in civitate ista, fugite in aliam.*

Il était parvenu, non sans peine, à créer une nouvelle station à Pin-Lou, autre gros village du Kan-tcheou ; et, grâce à la bonne direction donnée aux travaux par notre cher confrère M. Pérès, église, résidence, écoles, orphelinat, marchaient à souhait. Les constructions terminées, le vicaire apostolique se met en route pour aller inaugurer et

bénir les nouveaux établissements. L'apparition de
la barque qui portait l'évêque fut le signal d'une
persécution dont la violence n'eut d'égale que la
scélératesse des moyens qui en provoquèrent l'explosion. Pendant la nuit, les mandarins achètent le
cadavre d'un païen décédé la veille dans le voisinage, ils lui plongent dans la gorge un long couteau
de boucher, le déposent secrètement dans l'enclos
de la mission. Le lendemain matin, obéissant à un
mot d'ordre, la population se porte en masse « vers
le lieu du crime » ; il n'en fallait pas davantage. La
foule entre en fureur, pille la barque de la mission
et la met en pièces, se rue sur les nouveaux établissements pour tout saccager, démolir, incendier ; ils
s'emparent de M. Pérès, le tiennent lié et garrotté
pendant trois jours, le laissent presque nu, sous un
soleil ardent, et l'accablent de coups pour le forcer à
payer sa rançon.

Cette fois, Mgr Rouger ne reçut personnellement
aucun mauvais traitement. Un de ses confrères, sachant qu'on en voulait à sa vie, vint juste à temps
d'un département voisin « comme un ange du Seigneur » le réveiller à deux heures du matin, le
28 juin, et l'entraîna, à la faveur des ténèbres, malgré ses infirmités et à demi vêtu, à sept lieues de
là, dans un pays moins troublé.

Mais que d'épreuves encore l'attendaient ! Errant
et fugitif pendant vingt jours et vingt nuits, atteint
de la dysenterie et de plusieurs autres infirmités,
il traversa à pied toute la province de Canton, se
traînant péniblement, couchant où il pouvait, ne

trouvant pas toujours de quoi manger. Enfin, après des fatigues presque mortelles, « il arriva exténué, mourant, chez l'évêque de Hong-Kong, qui le reçut en frère, le réconforta, lui donna des vêtements, une croix pectorale et un anneau. » Après quelques jours de repos, il se remit en route pour Shang-haï, où il arriva vers la fin de juillet. Si grandes que fussent ses souffrances, une seule pensée cependant l'occupait, c'était la pensée de ses chers chrétiens. « Qu'allaient-ils devenir par le vent de la persécution qui soufflait avec tant de violence sur sa pauvre mission ? Il eût voulu être au milieu d'eux pour partager leur sort. » Hélas ! il ne devait plus les revoir ; épuisé de force, de sang et de vie, le généreux confesseur de la foi touchait au terme de sa course ; ses jours étaient comptés.

Pendant que Mgr Rouger négociait, mais bien inutilement, avec les autorités françaises à Shanghaï pour que justice lui fût rendue, il recevait l'ordre de se rendre en France pour rétablir sa santé si gravement compromise. S'il avait pu prévoir sa fin prochaine, il aurait pu dire, comme le grand apôtre, avec lequel il avait plus d'un trait de ressemblance : *Bonum certamen certavi, fidem servavi in reliquo reposita mihi corona justitiæ, quam reddet mihi in illa die justus judex ;* car, en s'éloignant de cette terre de Chine qu'il avait arrosée de ses sueurs et de son sang, il laissait derrière lui des œuvres qui lui assurent une place honorable parmi ceux qui ont le mieux servi l'Église. D'après une statistique dressée de sa propre main, le 31 mars 1886, un an jour pour jour avant sa mort voici comment se trouvent réparties, dans les six districts qui composent son vicariat, les différentes œuvres qu'il a créées pendant son trop court épiscopat :

Dans le premier district comprenant la ville de Ki-ngan et la banlieue : résidence centrale, procure du vicariat, grand et petit séminaire, collège, école, orphelinat, cinq églises ;

Dans le deuxième district, comprenant Ki-ngan oriental et quatre sous-préfectures : sept églises et cinquante stations, ou paroisses commencées ;

Dans le troisième district, comprenant Ki-ngan occidental et cinq sous-préfectures : neuf églises et soixante stations ;

Dans le quatrième district, comprenant six sous-préfectures : résidence, écoles, collège, Œuvre de la Sainte-Enfance, trois églises, dix stations ;

Dans le cinquième district, comprenant cinq sous-préfectures : résidence, église et paroisse Saint-Vincent-de-Paul, école et vingt stations ;

Dans le sixième district, comprenant quatre sous-préfectures : résidence, église, écoles, magnifiques chrétientés pouvant former quatre paroisses et vingt-deux stations.

De telles œuvres accomplies en si peu de temps, et au milieu des difficultés que l'on sait, ont une éloquence qui s'impose.

Monseigneur Rouger ne laissait pas seulement des œuvres qui seront à jamais la gloire de son apostolat, il laissait aussi de nobles exemples, dont nos chers confrères ne manqueront pas de s'inspirer pour continuer le bien si heureusement commencé. Apôtre au milieu de ses chers chrétiens, il était, comme le recommande saint Vincent, un chartreux à la maison : c'était la règle vivante.

« Jamais, nous écrit notre cher confrère M. Boscat, je n'oublierai cette douce et noble figure ; son souvenir restera à jamais gravé dans mon esprit et dans mon cœur. Il aimait la règle et savait la faire aimer ; il regardait comme un trésor nos constitutions, nos directoires et les circulaires de nos supérieurs généraux. Modèle de fidélité aux exercices de piété, il eût mieux aimé veiller pendant la nuit que d'en laisser un seul de côté : voyageant par eau ou par terre, en barque ou en palanquin, en pleurant de joie ou de douleur, il les faisait comme il pouvait et quand il pouvait, mais il les faisait toujours. Quand il disait la messe, on croyait voir un ange à l'autel : il y avait dans son maintien je ne sais quelle douce et majestueuse gravité qui impressionnait vivement les chrétiens ; des païens eux-mêmes se tenaient aux portes de l'église pour le voir officier. Comme il disait bien le saint bréviaire ! il aimait surtout à le réciter en commun. Bien souvent, exténué de fatigue et usé par la maladie, il était absolument incapable de le dire : alors il nous demandait comme une grâce de venir le réciter près de son lit. Quelquefois il ne pouvait même pas en prononcer quelques mots. « N'importe, disait-il, je suis content de vous en-« tendre réciter l'office et d'être au milieu de vous ; « c'est comme si je le récitais moi-même. » Telle était la piété de notre vertueux confrère que, dans l'opinion des missionnaires de Chine, il passait pour n'avoir jamais perdu l'innocence baptismale. »

Monseigneur Bray, qui fut pendant trente ans son ami intime et son directeur, cite un trait des plus édifiants. Voici ses paroles : « Une pratique que je ne pouvais m'empêcher d'admirer dans Mgr Rouger et que je regarde comme un gage de persévérance dans la vocation, c'était sa fidélité à la communication intérieure ; que je fusse dans le voisinage ou à cent lieues de lui, sa communication écrite ne manquait jamais de m'arriver à point nommé ; j'affirme, continue Sa Grandeur, qu'il a été fidèle à cette pratique jusqu'à sa mort; car, au moment de s'embarquer de Shang-Haï pour la France, alors que sa main défaillante avait à peine la force de tenir une plume, il écrivit sa communication pour me l'envoyer. » Par cet acte de fidélité, le saint évêque mettait le sceau à une vie de piété exemplaire et de dévouement sans bornes ; en partant, il pouvait dire qu'il avait fait son devoir et tout son devoir, mais la Chine perdait en lui un de ses meilleurs ouvriers.

XII

1886-1887

DERNIÈRE MALADIE ET MORT DE MGR ROUGER

Départ de Chine et retour en France. — Empressement de ses amis et de ses compatriotes à venir le visiter. — Sa plus grande peine au milieu de ses souffrances. — Amélioration de sa santé et rechute. — Édification que donne le pieux malade. — Agonie et mort. — Obsèques à Paris. — Arrivée du corps à Pourrain et funérailles solennelles.

Le 23 décembre 1886, Mgr Rouger s'embarquait pour la France en compagnie de Mgr Reynaud, vicaire apostolique du Tché-kiang, et arrivait à Marseille pendant la dernière quinzaine de janvier 1887. Nous renonçons à décrire les souffrances de notre vénéré confrère pendant cette longue traversée ; il était réduit à se nourrir de quelques cuillerées de bouillon dans lequel on faisait macérer un peu de viande hachée. Quand il arriva à Marseille, sa faiblesse était extrême, il ne pouvait plus marcher que soutenu sous les bras. Il dut se reposer une semaine entière avant de se remettre en route pour Paris. Les médecins lui conseillaient de passer l'hiver à Nice ou à Marseille, dont le climat doux et tempéré pourrait hâter son retour à la santé ; mais le désir de revoir cette chère maison-mère « dont le souvenir l'accompagnait dans toutes ses courses apostoliques par eau et par terre comme autrefois le souvenir de Jérusalem accompagnait les Hébreux jusque sur le bord des fleuves de Babylone », l'emporta sur les conseils de la science ; et, après une semaine de repos, il partait pour Paris où il arriva le 28 janvier.

Ce n'est pas sans émotion que la communauté put assister au retour du vaillant confesseur de la foi, dont nos *Annales* avaient raconté les luttes héroïques et qui venait demander à la maison-mère un repos si bien mérité ; plusieurs sentaient monter à leurs yeux des larmes d'attendrissement à la vue de cette tête vénérable, blanchie par les souffrances plutôt que par les années et ornée de l'auréole du martyre. Lui-même dut comprendre, aux marques de respectueuse tendresse que tous ses confrères s'empressaient de lui prodiguer, que tous les cœurs étaient avec lui.

Déjà le bruit de son arrivée s'était répandu dans tout le diocèse de Sens, où sa haute piété et ses vertus aimables avaient laissé des souvenirs ineffaçables. Tous auraient voulu revoir cet ami des anciens jours. Plusieurs membres de sa famille vinrent, à diverses reprises, lui donner tous les témoignages de la plus cordiale sympathie. M. Mourrut, supérieur du grand séminaire de Sens, et son directeur, arriva un des premiers ; ce fut une lutte d'humilité entre le père et le fils ; tous deux voulaient recevoir la bénédiction ; ni l'un ni l'autre ne voulait la donner. Vint ensuite l'ancien curé de Pourrain, le vénérable M. Boyer, supérieur des Pères de Pontigny. Qui

pourrait dire ce qui se passa entre ces deux cœurs
qui s'aimaient depuis si longtemps ? *Oh! mon bien-
aimé père ! oh ! mon bien-aimé fils !* ce furent les
seules paroles qu'ils purent échanger dans l'étreinte
de leur mutuelle tendresse. Nous pourrions nommer
ici encore M. l'abbé Ansault, curé de Saint-Éloi à
Paris, M. l'abbé Mémain, chanoine de la métropole
de Sens, et plusieurs autres pour lesquels le nom
de Mgr Rouger était un nom aimé et vénéré.

Notre maison-mère conservera longtemps le parfum de bonne édification qu'ont laissé parmi nous
les vertus du regretté vicaire apostolique du
Kiang-si méridional.

Pendant la récréation, on s'empressait autour de
lui ; on se faisait une fête d'aller lui tenir compagnie ; malgré ses souffrances qui étaient continuelles, il se montrait aussi gai que s'il eût été en
pleine santé ; il oubliait un instant qu'il était malade
pour se montrer bon confrère et tous disaient en se
retirant : Quelle vertu aimable !

La peine à laquelle il se montrait le plus sensible
était de ne pouvoir pas offrir le saint sacrifice ; il
n'eut pas une seule fois ce bonheur pendant sa maladie. Pour le dédommager de cette privation, on
dressa un petit autel provisoire dans ses apparte-
ments et chaque jour, M. Forestier, assistant de la
Congrégation, venait dire la sainte messe et lui
donnait la sainte communion, lorsque les vomisse-
ments n'y mettaient pas obstacle.

Une autre peine qui lui allait droit au cœur fut la
défense absolue de réciter l'office ; il était vraiment

touchant de voir là, près de lui, sur sa table, le bréviaire qui paraissait attendre avec impatience la permission du médecin. Le vénéré malade se consolait de cette nouvelle privation par la récitation de son chapelet, qui ne sortait de ses doigts que lorsqu'un confrère venait le visiter.

Cependant, grâce aux bons soins dont on environnait nuit et jour Mgr Rouger, les forces semblaient revenir ; nous nous prenions à espérer qu'il triompherait enfin de la maladie ; lui-même n'était pas éloigné de penser qu'après un an de repos complet, il pourrait reprendre le chemin de sa mission. Mais, hélas ! après un mieux sensible, qui dura quinze jours, le pauvre malade retomba dans son état de faiblesse ; et, chaque jour nous ravissait le peu d'espérance qui nous restait de le conserver.

La mort accomplissait son œuvre de destruction lentement et presque insensiblement. Dans ce corps qui n'avait plus de sang la vie disparaissait peu à peu, comme s'éteint une lampe qui manque d'huile. On ne saurait dire si le vertueux malade souffrait peu ou beaucoup ; car de ses souffrances pas un mot. Un de ses confrères qui allait le voir souvent ne manquait jamais de lui dire, en l'abordant : « Monseigneur, comment allez-vous aujourd'hui ? — Bien, très bien ; » c'est tout ce qu'il pouvait obtenir. Le frère infirmier qui le soignait avoue n'avoir jamais vu un malade comme celui-là. Nous transcrivons mot à mot les réflexions du bon frère : « En entrant dans la chambre de Monseigneur pour le soigner, la vue de cette tête vénérable et de cette grande barbe blanche me causa une certaine émotion ; mais sa gaieté de caractère me mit bien vite à mon aise ; il avait des traits de simplicité si charmants qu'il me faisait rire et pleurer tout à la fois. Il m'obéissait comme un enfant ; je lui disais : « Monseigneur, » il faut rester couché aujourd'hui, ou bien : « vous » pourrez vous lever aujourd'hui ; « Il me répondait » toujours : « Comme vous voudrez, mon bien cher » frère. » Il ne se plaignait jamais ; au plus fort de ses souffrances, je ne l'ai entendu prononcer qu'une seule parole : « Mon Jésus, ayez pitié de moi ! » Il était très régulier pour ses exercices de piété. Tous les jours, je lui faisais la prière du matin et du soir ; chaque jour aussi et à des heures différentes je lui lisais un chapitre du Nouveau Testament, un chapitre de l'Imitation et quelques points de nos règles. Ce qui m'édifiait surtout, c'était de le voir, le matin en se levant, se prosterner, malgré sa grande faiblesse, pour faire son acte d'adoration. Il ne prenait jamais rien, pas même une pastille sans faire un grand signe de croix. Quand il ne dormait pas, il priait ; il lui fallait son chapelet et sa croix dans son lit. Il ne m'appelait jamais autrement que *mon bon frère*. Enfin j'aurais beaucoup de choses à dire encore, mais ma conviction est que Mgr Rouger est un saint et qu'il est au ciel. »

Mais la science vient de dire son dernier mot : le saint évêque touche à sa fin, il est temps de lui administrer les derniers sacrements. C'est Mgr Reynaud qui présida cette triste cérémonie, en lui donnant toute la solennité que comportait le caractère sacré du vénérable malade. A partir de ce moment Mgr Rouger n'était plus déjà de ce monde ; soit par suite de son état de somnolence, soit qu'il voulût être tout à son Dieu, ses yeux demeuraient fermés à tout ce qui l'environnait ; il ne les ouvrait que lorsqu'on lui adressait la parole; il ne parlait plus.

Le mercredi matin, 31 mars, apparurent les premiers signes précurseurs de la mort. Sa sœur, Fille de la Charité, avertie en toute hâte, arrivait à midi auprès de son frère mourant. Il la reconnut et on comprit, au mouvement de ses lèvres, qu'il lui disait : « Notre pauvre mère ! » ce fut sa dernière parole; quelques instants après il entrait en agonie.

Autour de son lit, plusieurs confrères se tenaient agenouillés et priaient. M. notre très honoré Père arriva vers deux heures; se mit à genoux près du lit et récita son chapelet, le regard fixé sur cette figure déjà empreinte de la majesté de la mort.

Un confrère exhortait pieusement le moribond, lui suggérant des sentiments de confiance et d'abandon à la volonté de Dieu. Un de ceux qui étaient présents à cette agonie, voulant s'assurer si le malade avait sa connaissance, lui dit en lui présentant l'image de saint Joseph : « Monseigneur, baisez l'image de saint Joseph. « A ces mots sa tête se souleva vivement et il colla avec ardeur ses lèvres sur l'image vénérée. Dix minutes après, un petit gémissement nous avertissait que notre cher malade venait de rendre son âme à Dieu. Il était trois heures de l'après-midi ; et c'était le jour de la clôture du mois de saint Joseph ; cette coïncidence n'étonnera nullement ceux qui connaissent la tendre dévotion de Mgr Rouger pour celui qu'il appelait : « Mon bon père saint Joseph. »

La nouvelle si inattendue de la mort de Mgr Rouger, dont le souvenir éveillait tant de sympathies dans le diocèse de Sens, provoqua parmi le clergé sénonais une véritable explosion de douleur. *La Semaine religieuse* du diocèse se fit l'interprète éloquente de cette unanimité de regrets ; les journaux du département de l'Yonne eux-mêmes voulurent s'associer au deuil qui frappait si cruellement l'œuvre des Missions catholiques ; nous avons été particulièrement heureux de lire dans ce concert de louanges, adressées à la mémoire du vénérable évêque, un article aussi ému que foncièrement chrétien de l'excellent journal *la Bourgogne*. « Par la mort de Mgr Rouger, dit, en terminant, le sympathique et éminent directeur du journal, M. Chambon, la foi catholique perd un de ses plus intrépides pionniers, la France un fils vaillant, l'Eglise un grand pontife ; quant à notre terre de Bourgogne, elle peut pleurer aussi : elle perd un compatriote glorieux. »

Exposé sur un lit de parade, revêtu des ornements pontificaux, l'anneau au doigt, la mitre en tête, le corps du vénérable défunt demeura en chapelle ardente jusqu'au samedi 2 avril. Pendant ces deux jours, ce fut un pèlerinage ininterrompu dans la salle des reliques où il reposait.

Toutes les sœurs de la communauté de la rue du Bac voulurent contempler une dernière fois cette noble figure qui semblait éclairée d'un rayon divin ; la mort avait respecté ses traits ; elle lui avait laissé cet incomparable sourire, qui était comme un reflet de sa belle âme.

A la mort du saint prélat, il n'y eut qu'une seule voix dans toute la famille, pour que le corps de cet intrépide confesseur de la foi fût rendu à son pays natal et inhumé dans le cimetière de Pourrain. Conformément à ce pieux désir, après les obsèques solennelles, présidées par M. Fiat, supérieur général, dans la chapelle de la rue de Sèvres, le corps fut porté et déposé provisoirement dans le caveau des Missionnaires au cimetière Montparnasse: puis, le lundi 25 avril, il arrivait dans un fourgon des pompes funèbres en gare de Pourrain, où il fut reçu par M. l'abbé Boudrot, curé de la paroisse, revêtu du surplis et de l'étole noire, et accompagné de tous les membres de la famille.

La présence du corps dans la demeure de la pauvre mère, à laquelle le ciel venait d'imposer un si dur sacrifice, donna lieu à une de ces scènes déchirantes qu'on ne saurait oublier. Pendant qu'on plaçait le corps dans la chambre qu'on avait disposée à cet effet, le missionnaire, qui l'avait accompagné, était allé préparer la bonne mère Rouger au douloureux spectacle qui l'attendait ; puis, quand tout fut disposé convenablement, deux de ses enfants conduisirent par les bras la pauvre nonagénaire dans la chambre mortuaire. Quel coup pour ce cœur de mère! A la vue de la dépouille chérie, elle s'échappe vivement des mains de ses enfants, elle se précipite sur le cercueil, elle l'étreint dans ses bras, elle le couvre de ses baisers, elle l'arrose de ses larmes ; saisissant ensuite la mitre blanche posée sur le cercueil, elle la pressa sur son cœur et la tint un bon moment appliquée sur ses lèvres. Les sanglots de cette pauvre mère brisaient le cœur ; tout le monde pleurait ; il fallut l'enlever de force pour la séparer de son cher Adrien.

Le surlendemain, mercredi, la commune de Pourrain était témoin d'une manifestation de piété dont le souvenir restera gravé en traits ineffaçables dans le cœur de ses bons habitants. Le clergé sénonais voulut faire au saint évêque des funérailles dignes de son grand cœur. M. Mourrut, supérieur du grand séminaire de Sens, tint à honneur de présider la cérémonie ; le R. P. Boyer, supérieur de Pontigny, prononça en termes émus, et empreints de cette véritable éloquence dont il possède si merveilleusement le secret, l'oraison funèbre de celui qui restera toujours son bien-aimé fils ; et cinquante-trois prêtres, accourus de tous les points du diocèse, vinrent accompagner à sa dernière demeure celui qu'ils avaient eu pour condisciple et qui était resté leur ami.

De l'église au cimetière, écrit un témoin oculaire, le cortège ressemblait moins à un convoi funèbre qu'à une marche triomphale ; c'était le triomphe de la foi. A deux heures de l'après-midi, la cérémonie était terminée. Le 27 avril 1884, Mgr Rouger courbait la tête sous la main du prélat consécrateur qui lui donnait l'onction sainte ; le 27 avril 1887, il se couchait dans sa tombe pour jouir de l'éternel repos ; il n'avait été que trois ans évêque : *consummatus in brevi explevit tempora multa.*

Oui, grand évêque! apôtre incomparable, généreux confesseur de la foi! reposez à l'ombre de cette croix que vous avez tant aimée ; elle veillera sur votre noble dépouille, en attendant la bienheureuse résurrection ; elle proclamera vos travaux, vos luttes, vos combats, vos souffrances, vos sublimes exemples de dévouement, vos héroïques vertus ; elle dira à tous vos frères dans le sacerdoce : Ici, repose plein de mérites, dans la paix du Seigneur, un cœur simple, droit et craignant Dieu ; *Vir simplex, rectus ac timens Deum.*

FIN

ÉMILE COLIN — IMPRIMERIE DE LAGNY

CONGRÉGATION DE LA MISSION

dite des Lazaristes

FONDÉE PAR S. VINCENT DE PAUL

MAISON - MÈRE

rue de Sèvres, 95.

Paris, le 29 mars 1889.

Monsieur

Puisque vous pensez qu'un mot de moi, placé en tête de la notice de notre vénéré et si regretté confrère, Monseigneur Adrien Rouger, faciliterait la propagation de l'édition que vous préparez, je me rends volontiers à votre désir.

Bien qu'elle n'ait été écrite que pour les membres de la double famille de saint Vincent de Paul, cette vie d'apôtre, si admirablement remplie, ne peut qu'édifier grandement les fidèles, les portant à travailler à leur propre sanctification et à contribuer par leurs aumônes et par leurs prières à l'évangélisation des contrées infidèles.

Veuillez agréer, Monsieur, les salutations de votre humble serviteur,

A. FIAT,

Sup. gén.

Monsieur Retaux, 82, rue Bonaparte.

www.ingramcontent.com/pod-product-compliance
Ingram Content Group UK Ltd.
Pitfield, Milton Keynes, MK11 3LW, UK
UKHW021642170726
13836UKWH00005B/2337